RICARDO LEMOS
WILLIAM DOUGLAS

VIVA MELHOR E VENDA MAIS

CONHEÇA OS 4 PILARES QUE VÃO TRAZER OS MELHORES RESULTADOS DE SUA VIDA

Gente editora

Diretora
Rosely Boschini

Gerente Editorial
Rosângela Barbosa

Assistente Editorial
Natália Mori Marques

Controle de Produção
Karina Groschitz

Preparação
Renata Lopes Del Nero

Projeto Gráfico, Diagramação e Revisão
Know-how Editorial

Capa
Miriam Lerner

Imagem de Capa
ChristianChan/Shutterstock

Impressão
Gráfica Prol

Rua Pedro Soares de Almeida, 114,
São Paulo, SP – CEP 05029-030

Telefone: (11) 3670-2500

Site: www.editoragente.com.br

E-mail: gente@editoragente.com.br

Dados Internacionais de Catalogação na Publicação (CIP)

Angélica Ilacqua CRB-8/7057

Lemos, Ricardo
Viva melhor e venda mais : conheça os 4 pilares que vão trazer os melhores resultados de sua vida / Ricardo Lemos e William Douglas. –– São Paulo : Editora Gente, 2017.
192 p.

Bibliografia
ISBN 978-85-452-0167-0

1. Negócios 2. Vendas 3. Sucesso nos negócios I. Título II. Douglas, William

17-0589 CDD 650.1

Índice para catálogo sistemático:

1. Sucesso nos negócios 650.1

Dentro de você existe outro "você", melhor e mais feliz, querendo vir à luz. Ele virá, aos poucos, através de sua fé e sua dedicação. Temos certeza de que este novo "você", mais completo e sereno, existirá em breve, daqui a algum tempo e após muitas batalhas vencidas. É a esse "você", que já vem chegando, que é dedicada esta obra.

Sumário

Você,

vendedor

No mundo das vendas, muitas vezes sabemos de certas verdades, mas não damos a devida atenção a elas. Pelas razões mais diversas, preferimos fechar os olhos para coisas que nos incomodam do que enfrentá-las e resolvê-las. Isso compromete todo o nosso resultado, fazendo com que nossas vendas fiquem bem abaixo do que nosso potencial nos permite conquistar.

Nessas horas, precisamos que outra pessoa nos diga, ou repita, essas verdades, para que tenhamos a coragem de assumi-las e nos comportemos de modo mais eficiente. E aqui está uma das mais duras verdades de que precisamos ter consciência no ramo de vendas:

Vendedor, o foco da venda nunca está no cliente. Está em você.

Em outras palavras, podemos dizer que "uma das principais barreiras na venda é o próprio profissional vendedor e não o cliente ou o concorrente".

Por isso, o foco deste livro não é no cliente, e sim em você, profissional de vendas.

Por alguns instantes, pense que você é um piloto de Fórmula 1. Você pode ser um excelente piloto, com um carro de ponta nas mãos. Porém, isso não garante sua vitória e muito menos a conquista do título de campeão. Talvez lhe falte se preparar antes de entrar nos circuitos de provas, e isso dificulta chegar em bons resultados.

Um piloto de Fórmula 1, além de treinar muito nas pistas com seu carro, precisa de muito mais. Precisa de uma completa

> "Vendedor, o foco da venda nunca está no cliente. Está em você."

preparação fora das pistas. Ele precisa ter um excelente condicionamento físico, alimentação adequada e balanceada, equilíbrio emocional e muito treino para seus reflexos.

Ele precisa ter um carro competitivo, ferramentas eficientes de preparo, para ele e para sua máquina, e uma equipe poderosa e decisiva por trás de todo o seu esforço e sua dedicação.

Ainda assim, mesmo tendo tudo isso, o melhor carro e a melhor equipe de apoio, um piloto pode ainda perder uma corrida para si mesmo, por estar desequilibrado emocionalmente ou por lhe ter faltado preparo físico adequado.

Fazendo um comparativo com você, profissional de vendas: o seu trabalho nas pistas é o seu dia a dia atendendo e vendendo. Porém, pode ser que lhe falte preparação antes de entrar nos circuitos de provas. E todo o esforço, seu e da sua equipe, poderá ser perdido caso não esteja realmente pronto para o momento de fechar a venda como pode ser observado no caso a seguir.

> Em uma época de crise, em que as dívidas pessoais se acumulavam, um vendedor de uma fábrica de móveis planejados recebeu um pedido de projeto e orçamento para móveis completos de uma casa de duzentos metros quadrados de área construída. O imóvel havia sido comprado por um casal de noivos, que estava com datas de casamento e de viagem de lua de mel marcadas. Fechar aquela venda seria a salvação para as finanças do vendedor.
>
> Totalmente entusiasmado e cheio de planos para a gorda comissão que receberia, o profissional de vendas atendeu o casal e fez uma venda fantástica, principalmente porque o jovem casal nem ao mesmo questionou os preços apresentados. A única exigência clara – inclusive com cláusulas muito sérias no contrato, até mesmo de cancelamento da compra – era de que não

houvesse atraso na entrega e na instalação de todos os móveis na residência.

Quando os compradores perguntaram ao vendedor sobre o prazo de entrega e montagem dos móveis, alertando que precisariam de tudo pronto para dentro de dois meses, o profissional, ansioso por fechar a venda, informou sem pensar que seria feito nesse prazo. E, assim, o contrato foi fechado.

O grande problema surgiu quando o vendedor apresentou o contrato para a equipe de produção dos móveis: aquele projeto não poderia ser executado em menos de três meses e meio.

Resumindo, o contrato não foi cancelado, porque o dono da empresa foi hábil o suficiente para renegociar com os clientes. Porém, ele se comprometeu a arcar com todos os custos que o casal teria por conta daquele atraso na entrega. E essas despesas reduziram drasticamente o lucro da empresa e, por consequência, a comissão do vendedor.

A análise desse caso, verídico, leva a uma causa muito clara para todo esse problema: a falta de preparo adequado do vendedor. Ele estava despreparado psicologicamente. Sua ansiedade o fez fechar apressadamente o negócio, sem consultar a área de produção, e estava despreparado tecnicamente, pois não sabia o suficiente sobre os processos e prazos de produção dos produtos que vendia.

Escrevemos esta obra pensando exatamente em chamar sua atenção para a necessidade de preparar-se adequadamente para fazer vendas. E para dar-lhe informações fundamentais para efetuar efetivamente essa autopreparação. Temos certeza de que assim você viverá melhor com sua profissão como profissional de vendas. Por isso, queremos reforçar um pouco mais a ideia do quanto o preparo é importante, contando-lhe uma pequena história:

Conta uma lenda que um jovem e vigoroso lenhador chegou à cidade para desafiar um senhor que era o campeão entre os lenhadores já havia muito tempo. Ninguém o batia, em termos de quantidade de árvores derrubadas em uma semana.

Feito e aceito o desafio, o velho lenhador se dirigiu a uma área da floresta e o jovem foi para outra, para cortarem árvores.

No primeiro dia, o jovem cortou trinta árvores e o ancião, apenas vinte.

No segundo dia, o jovem cortou vinte árvores e o ancião, outras vinte.

No terceiro dia, o jovem cortou quinze árvores e o ancião, mais vinte.

No fim do quarto dia, contaram os totais de árvores que cada um havia cortado: o jovem totalizou 75 árvores e o ancião somou oitenta árvores cortadas.

Intrigado, o jovem se sentou em um velho tronco e ficou ali pensando, decepcionado, sem entender o que estava havendo. O velho lenhador se aproximou dele, sentou-se a seu lado e atenciosamente perguntou: – Meu filho, você se lembrou de afiar o machado?

A preparação é tudo. Nós, Ricardo Lemos e William Douglas, decidimos escrever este livro, pensando em melhorar seu preparo fora das pistas. Decidimos utilizar nossas experiências na vida profissional para ajudar você a ter mais sucesso em sua área de atuação, especialmente no que diz respeito a vender melhor seu produto. Queremos contribuir para que você se prepare melhor, colha melhores resultados e, principalmente, viva melhor.

O foco deste livro não é o cliente, e sim você. Por isso mesmo, vamos abordar aqui inúmeros assuntos e situações que irão prepará-lo melhor, para que você não se torne, por si só, uma das principais barreiras em suas vendas.

É possível que parte daquilo que escrevemos neste livro não seja uma total novidade para você, mas pode ser que você ainda não tenha prestado a devida atenção a esses pontos, por não perceber sua real influência e seu poder nos resultados.

Gostaríamos de sugerir que você experimente por algum tempo as técnicas aqui reunidas. Se isso ocorrer, mais do que uma esperança, temos a certeza de que este livro será muito útil para elevar substancialmente seus resultados em vendas.

O que escrevemos aqui foi bastante testado e funciona muito bem. Podemos dizer isso porque nos serviu centenas de vezes, e serve até hoje, para transformar potencial de venda em venda real. E temos uma quantidade enorme de amigos, alunos e clientes que também usam e indicam esse sistema, porque nosso método vem trazendo excelentes resultados.

Temos a certeza e a satisfação de estarmos dividindo conhecimentos e experiências preciosos com você, certos de que estamos contribuindo para seu sucesso em vendas e para que tenha qualidade de vida, conquistada com seu trabalho bem direcionado e executado.

Não haverá prêmio maior para nós do que saber que você, usando o método que ensinamos neste livro, teve um grande ganho de desempenho, de qualidade de vida, de tempo e de satisfação. Esta será nossa grande recompensa.

Colocamos o melhor de nós nestas páginas. E esperamos que você aproveite, tornando maior, mais produtivo e proveitoso seu prazer de caminhar pela fascinante estrada do mundo das vendas.

Prepare-se para o sucesso!

Quando sua **decisão de vender mais** e **viver melhor** não surte efeito

Existe uma distorção conceitual na área de vendas que costuma comprometer os resultados dos profissionais dessa área. É bastante comum a crença de que o foco da venda está totalmente no cliente. E isso é o que gera a perda de muitas negociações.

Enquanto o vendedor se preocupa exclusivamente com o cliente, ele se esquece de que também precisa investir tempo e esforço no próprio preparo profissional.

Por não se preparar adequadamente, o profissional provoca uma situação em que suas vendas ficam bem abaixo do que seu potencial lhe permite conquistar. Com frequência, perde vendas praticamente fechadas, perde o momento de o cliente assinar o contrato e depois não consegue voltar ao ponto certo de concluir a venda.

A venda não fecha, mesmo quando o profissional tem as melhores ferramentas, os melhores produtos e a melhor equipe. Falta aquele algo a mais para o profissional e todo o esforço é perdido porque a transação não se realiza.

É muito complicado quando você espera que o cliente diga "sim" e tudo o que vem é um "não". É bastante difícil ter em mãos todas as condições para fechar a venda, mas deixar a oportunidade escapar por entre os dedos, muitas vezes apenas por uma questão de despreparo do profissional vendedor.

É comum também que o profissional frustrado com a perda de uma venda procure jogar a culpa no cliente, ou no concorrente, sem perceber que ele mesmo se tornou uma barreira contra suas vendas.

Em resumo, o resultado disso tudo é que o vendedor trabalha muito e obtém poucos resultados. E com isso reduz sua satisfação profissional, pessoal e até mesmo sua qualidade de vida.

A dura realidade é que grande parte dos profissionais não se prepara como deveria para o sucesso em vendas. E a falta de preparo adequado do vendedor põe a venda a perder. Porque, afinal, ação sem conhecimento e habilidade é desperdício, do mesmo modo que conhecimento sem ação não produz resultado. Portanto, é preciso agir e é vital se preparar para a ação.

Problemas surgem por falta de preparo

Profissionais de vendas precisam se preparar para vender. Quando isso não acontece, eles falham e não vendem.

Mas isso não é nenhuma novidade. Se observarmos com atenção o mundo do trabalho de uma forma geral, veremos que todos os profissionais se preparam muito antes de iniciar suas atividades.

Médicos se preparam para atender seus pacientes, engenheiros se preparam para desenvolver e apresentar projetos, advogados se preparam para fazer a defesa de seus clientes, técnicos de enfermagem se preparam para cuidar adequadamente dos pacientes, eletricistas se preparam para fazer ligações elétricas seguras.

Um atleta de natação treina horas todos os dias, dentro e fora da piscina, durante meses, até chegar o dia da competição. Mesmo que sua prova dure poucos minutos, ou até mesmo segundos, ele nunca acha que já treinou o suficiente.

Infelizmente, o que se percebe no mercado das vendas são profissionais preocupados em "tirar pedidos" e faturar imediatamente. Querem resultados imediatos, querem encontrar atalhos, que na maioria das vezes não levam a lugar algum. Pelo menos não levam ao sucesso que eles desejam ter.

A preparação adequada leva à atitude correta, que cria a ação correta. E a ação adequada gera os resultados buscados. Assim, se você quer resultados, precisa trabalhar suas atitudes diante da vida e de seus desafios, precisa estar disposto a se preparar para ser, não o melhor, mas muito melhor a cada dia.

> “A preparação adequada leva à atitude correta.”

O prêmio por esse esforço será o sucesso em seus projetos. Mas é preciso compreender que, como você já deve ter ouvido dizer, não existe glória sem sofrimento. Entenda aqui o sofrimento como sendo o esforço e a dedicação na busca de seus objetivos.

O preparo de profissionais de vendas exige algumas atitudes e alguns comportamentos fundamentais. Listaremos os principais deles e assinalaremos em que os profissionais pecam, de modo que comprometem seus resultados.

Não dar valor ao compromisso

Muitos profissionais confundem um mero interesse em conhecer vendas com o compromisso de se tornar um especialista em vender. Compromisso está bem longe de ser um simples interesse. Comprometer-se significa querer com constância, querer de verdade.

Relaxar quanto à autodisciplina

A autodisciplina é uma qualidade indispensável para qualquer pessoa que queira alcançar um sonho. Para ter autodisciplina, é preciso conscientizar-se de que você é responsável por seu futuro e o diretor de sua vida. Ou seja, você é quem orienta e dirige sua vida. Muitos profissionais delegam para terceiros o controle da própria vida, de modo que fraquejam na autodisciplina.

Pecar quanto à organização

Organizar-se é estabelecer prioridades. E depois segui-las com responsabilidade. Simples assim. Mas é bastante comum as pessoas deixarem de lado a organização, o planejamento adequado, o estabelecimento de prioridades, por acharem que dá muito trabalho. E então perdem de verdade todo o resultado de seu trabalho em vendas.

Não ter acuidade

Ser perspicaz é fundamental para concluir uma venda. É preciso ter prática em dar atenção ao que é relevante, em especial para o cliente. É fundamental perceber os detalhes do que o cliente precisa. Além de que, para ter sucesso em vendas é preciso estar aberto para a realidade e novas ideias. Muitos profissionais de vendas se consideram os donos da verdade e não abrem mão de sua maneira de ver as coisas. E, com essa atitude, acabam afastando os clientes.

Não ter flexibilidade

A adaptação é uma forma incrível de inteligência. É preciso ter a flexibilidade para adaptar-se às novas situações que surgem no dia a dia das vendas. Sem flexibilidade não há venda que se concretize e um profissional dessa área não irá muito longe. Porém, muitos vendedores se apegam demais ao que consideram "sua experiência profissional" e se fecham para a realidade dinâmica do mercado.

Não ter consciência do projeto

A diferença entre o sonho e a realidade é exatamente a quantidade certa de tempo e de trabalho. Porém nem todos os profissionais de vendas estão dispostos a pagar esse preço, porque não têm a consciência do que isso representa na vida deles e não se conscientizam de verdade sobre seu projeto de vida.

Esperar que a motivação chegue

> "Organizar-se é estabelecer prioridades."

Só existe uma pessoa no mundo capaz de motivá-lo: você mesmo. O problema é que muitos profissionais de venda esperam que sua motivação venha de fora: do cliente, da empresa e sabe-se lá de quem mais. E, enquanto eles esperam pela motivação, a concorrência toma conta do mercado.

> "A diferença entre o sonho e a realidade é exatamente a quantidade certa de tempo e de trabalho."

Não saber administrar o tempo

Muitas pessoas dizem que não têm tempo para se dedicar mais ao trabalho, mas desperdiçam oportunidades preciosas. Existe uma grande diferença entre não dispor de tempo e usá-lo inadequadamente. Estar ocupado é diferente de ser produtivo.

A falta de tempo tem três motivos básicos:

- **Falta de prioridade** – Ou seja, falta de compromisso com o objetivo, ou do próprio objetivo. A pessoa tem interesse em progredir, mas esse interesse é menor do que o de passear, curtir, descansar, dormir, jogar futebol, ver TV, usar internet, não fazer nada etc.
- **Falta de organização** – A falta de organização e de autodisciplina é uma grande consumidora de tempo. A pessoa quer progredir, mas não prioriza suas atividades ou organiza um horário e não o cumpre. Aqui se inclui também o desperdício de tempo.
- **Multiplicidade de responsabilidades** – Algumas vezes, a pessoa tem múltiplas e indeclináveis responsabilidades, como faculdade, filhos, pessoas doentes na família etc.

Os dois primeiros casos são de fácil solução: ou você desiste de seu objetivo ou o leva a sério. Se for para valer, então organize e cumpra seu programa.

O terceiro caso é mais complexo, pois reflete dificuldades cuja solução não depende apenas de você. Aqui, é preciso capacidade de adaptação, diálogo e um pouco de paciência.

Mesmo que aparentemente não tenhamos escolha, não existe a opção de relaxar, de deixar para depois. É preciso partir para cima dos problemas e vencê-los. É diante de grandes desafios que percebemos o quanto somos capazes e quanto tempo pouco aproveitado ainda temos.

Tão importante como "achar" tempo é "querer achar tempo". Existem pessoas que querem abraçar o mundo, esquecendo-se de que a multiplicidade de objetivos dificulta que eles sejam alcançados. É preciso fazer opções. Se você não consegue achar tempo para progredir, é porque talvez não queira realmente tanto isso; se quer, então ache tempo e se comprometa com o que você tem a fazer.

A frustração de não vender

Quando os profissionais de vendas cometem esses deslizes, os problemas que os levam a não fecharem mais vendas surgem. É exatamente essa falta de preparo que compromete seus resultados.

É preciso investir tempo e planejamento em cima desses comportamentos e atitudes analisados para que bater e superar metas de vendas torne-se uma constante na vida desses profissionais.

Infelizmente, apenas uma parcela muito pequena dos profissionais de vendas – assim como você que está dedicando tempo e energia ao ler este livro – investe em um bom preparo.

Vamos analisar alguns *cases* que tiramos de nossas experiências profissionais, para que perceba o quanto a falta de preparo é fatal para os resultados do vendedor.

Cases

Primeiro *case*

Um amigo palestrante recebeu um e-mail de uma empresa, querendo contratá-lo para um evento. Ele leu o e-mail, mas não respondeu de imediato. Deixou para o dia seguinte.

No dia seguinte surgiram alguns contratempos e o vendedor respondeu o e-mail somente dois dias depois. Enviou uma proposta.

A empresa mandou outro e-mail, negociando alguns pontos da proposta recebida, mas demonstrando grande interesse em fechar o contrato.

O palestrante demorou outros três dias para enviar a proposta ajustada. Depois, demorou mais dois dias para fazer o *follow-up*, isto é, para ligar para a empresa e ver como andavam as negociações.

A essa altura, o cliente já havia fechado com outro profissional. Afinal, a empresa tinha urgência em definir a programação do evento e não poderia aguardar por tanto tempo a confirmação do palestrante consultado.

Neste caso, faltou ao palestrante o preparo necessário – procedimentos, estratégias e até mesmo boa disposição – para atender o cliente no tempo em que ele necessitava.

Segundo *case*

Um profissional do ramo de móveis planejados teve vários encontros com um cliente e fez muitos estudos para o apartamento dele. O montante do negócio seria grande e o vendedor projetista estava animado.

Porém ao longo dos encontros o comprador se mostrou ser uma pessoa chata e desgastante; pediu descontos, alterou o projeto inúmeras vezes e outras coisas mais.

O projetista, mesmo cansado e chateado, procurava atender a todas as solicitações do cliente. Porém um dia o vendedor estava de cabeça quente e o cliente passou dos limites. Ele afirmou, tentando ser engraçado, que "qualquer um poderia mexer naquele programinha que fazia os projetos".

Foi a gota d'água para o copo transbordar... O projetista se ofendeu, discutiu com o cliente e o maltratou.

Resultado: venda perdida e todo o trabalho e tempo jogados fora. Além, é claro, do dinheiro perdido.

Neste caso, faltou ao projetista o preparo emocional e profissional necessário para controlar suas emoções e não ceder ao incômodo provocado pelo cliente.

Terceiro *case*

Um cliente entrou em uma corretora de imóveis, procurando uma casa para comprar. Foi atendido por uma corretora, que se dispôs a orientá-lo.

O cliente passou para a corretora o perfil de imóvel que queria e a faixa de valor de que tinha disponibilidade para fechar negócio.

Entre os imóveis do catálogo da empresa, surgiu um que agradou muito o cliente. Interessado, ele perguntou à corretora sobre aquela casa.

A vendedora deu um sorriso de menosprezo, olhou para o cliente e disse, sonoramente: "Esta aqui? Nessa faixa de preço que o senhor está procurando não dá pra comprar nem a garagem!".

O cliente se levantou, rasgou o cartão de visitas da corretora, jogou na mesa dela e saiu porta afora. E foi procurar imóveis em outra imobiliária.

Neste caso, faltou à vendedora preparo para lidar com as expectativas do cliente. O cliente não tinha as informações necessárias para fazer uma busca informada e a corretora não soube ajudá-lo de forma adequada. Faltou-lhe jogo de cintura e cordialidade para ajustar as expectativas do cliente à realidade do mercado.

Quarto *case*

Era uma manhã de segunda-feira quando um empresário, sócio-fundador de uma empresa de fabricação de câmeras frigoríficas, resolveu ligar para um possível cliente e cobrar-lhe uma posição referente a uma proposta enviada duas semanas antes para a fabricação de oito câmeras frigoríficas.

O empresário tinha certeza do fechamento, pois já havia fabricado diversas câmeras frigoríficas para outras unidades do grupo em várias cidades. O detalhe era que, mesmo a empresa tendo diversas unidades espalhadas pelo país, o departamento de compras de cada unidade era individual e.

Depois de alguns minutos de conversa ao telefone, o empresário ouve a seguinte fala de seu cliente em potencial:

"Nós agradecemos o envio de sua proposta e atenção dispensada. Porém, mesmo sabendo que já fabricou câmeras para outras unidades do nosso grupo, optamos por contratar uma empresa localizada aqui na nossa região. Além disso, o investimento é muito elevado e nem nos conhecemos pessoalmente."

Esse empresário com muito tempo de mercado perdeu o negócio do ano por dois grandes motivos:

- Falta de preparação relacionada à venda – afinal, se era o negócio do ano, ele deveria ter realizado visitas presencias ao comprador.
- Excesso de autoconfiança causado pela certeza do fechamento do negócio – o que ainda lhe causou surpresa no final. Além disso, esse empresário acreditou que seu sucesso no passado iria garantir seu futuro, ou melhor, seu fechamento de um novo grande pedido.

Em outras palavras podemos dizer que ele banalizou a demanda dessa grande empresa achando que seria uma venda fácil.

Quinto *case*

Um casal entrou em uma loja de eletrodomésticos para comprar uma geladeira.

O vendedor se aproximou e se colocou à disposição, mas estava preocupado porque se aproximava o horário de a loja fechar. Respondeu rapidamente às perguntas do casal, desinteressado e sem dar os detalhes de que os clientes precisavam para se decidir sobre a compra.

O casal saiu da loja sem comprar e, enquanto caminhava para o estacionamento do shopping, viu outra loja de eletrodomésticos. Arriscou entrar, apesar do horário.

Uma vendedora simpática os atendeu e deu todas as explicações que eles pediram e muitas outras mais que eles nem imaginavam a respeito de uma geladeira. E em nenhum momento se mostrou preocupada por já estar no horário de a loja fechar.

No final, o casal comprou a geladeira e, mais ainda, acabou levando uma máquina de lavar roupas que nem mesmo estava em seus planos.

Neste caso, faltou ao primeiro vendedor o preparo necessário para atender adequadamente os clientes e a ter boa disposição para dar todas as informações que levariam o casal à decisão de compra.

Já na segunda loja, a vendedora mostrou ter de sobra todo o preparo necessário para fazer bons negócios.

Concluindo essa série de análises, é preciso ter em mente que todo profissional precisa de preparo para exercer sua profissão – é assim com o médico, o motorista, o engenheiro, o professor etc. Então, por que razão um vendedor poderia imaginar atender seus clientes e fazer boas vendas sem se preparar adequadamente antes?

Se você decidiu ler este livro é porque quer vender mais e viver melhor. Acreditamos que estamos de acordo nesse primeiro ponto. Isso é muito bom, porque nosso propósito ao escrever esta obra é facilitar sua vida e ajudá-lo a atingir seus objetivos.

Como ideia básica, queremos orientá-lo para que você possa evitar a repetição de erros que são cometidos por muitos profissionais de vendas. Também vamos utilizar técnicas que a experiência demonstrou serem úteis para quem quer vencer no mundo das vendas e ter uma vida melhor e mais tranquila.

Entendemos que você tem vontade de melhorar seus resultados em vendas e isso já é um grande passo; já é um excelente começo. Porém queremos alertá-lo de que só a vontade não é suficiente. É preciso ter vontade sim, mas também é preciso ação organizada e conhecimento. Tudo junto. Porque, afinal, ação, conhecimento e habilidade separados não produzem os resultados que você espera e merece.

Você tomou a decisão de vender mais e viver melhor. E nós estamos aqui para fornecer-lhe o conhecimento e as ferramentas para realizar seu objetivo. No entanto, colocar tudo isso em ação é com você. Você decide o que fará com tudo o que lerá neste livro.

Invista **tempo**
de **qualidade**
em

seu **propósito**

Será que vale a pena investir tempo e energia no propósito de vender mais e melhorar sua qualidade de vida? Esta é uma pergunta que parece ter uma resposta óbvia, mas na verdade não é bem assim. Tudo depende de como você encarará as afirmativas que estão colocadas logo a seguir. Vamos fazer um teste? Na lista a seguir, assinale apenas as questões para as quais você responderia "sim":

( ) Você está insatisfeito com suas vendas?

( ) Frequentemente "faltam dias no mês" para que você consiga cumprir a meta?

( ) Você fica irritado ao atender alguns tipos de clientes, que considera desagradáveis?

( ) Você sente raiva com alguns comportamentos de clientes, colegas ou superiores?

( ) Você se irrita quando o cliente não cumpre o combinado?

( ) Você não tem tempo suficiente para se organizar, prospectar e fazer o pós-venda, ou até mesmo para acompanhar um orçamento enviado?

( ) Você se sente diminuído quando vê algum colega atingindo a meta de vendas, enquanto você não consegue fazê-lo?

( ) Você discorda com frequência do gerente, do supervisor ou do líder de grupo?

( ) Você considera que seu líder de equipe é um chato, arrogante, sem noção, desumano e que só atrapalha o andamento dos negócios?

( ) Você pensa com frequência que não consegue atingir suas metas de vendas porque o gerente, o supervisor ou o líder de grupo atrapalha seu desempenho?

( ) Ao perder uma venda, você desconhece o motivo dessa perda?

( ) Você sente que falta sua concentração no trabalho?

( ) Você é o tipo de vendedor que "não costuma levar desaforos para casa"?

( ) Alguns tipos de clientes, como detalhistas e arrogantes, o desequilibram a ponto de você perder a venda?

( ) Você já estudou sobre vendas ou os produtos que vende durante horas e, ao final, pareceu que não aprendeu nem fixou nada ou quase nada?

( ) Você gostaria de poder investir menos tempo no trabalho de vendas e ainda assim conquistar suas metas?

( ) Você gostaria de ter mais tempo para fazer outras coisas, como descansar e se divertir?

( ) Você percebe que está trabalhando demais, com muito esforço e pouco resultado?

Se você marcou pelo menos uma das questões acima, isso significa que vale muito a pena investir seu tempo e sua energia para melhorar seus resultados.

Muitos alunos e profissionais de vendas para os quais ministramos aulas ou palestras responderam "sim" a várias dessas perguntas. E é claro que nós mesmos não somos exceções. Também já respondemos vários "sim", até que definíssemos o método que mudou por completo, para muito melhor, nossos resultados – e esse é o método que nos propomos a lhe ensinar aqui.

Os meios para solucionar essas dificuldades são em geral ignorados ou desprezados. Muitos desperdiçam um tempo enorme – ou até desistem no meio do caminho – pela incapacidade de fazerem uma preparação eficiente.

> "A pressa pode se tornar seu pior inimigo."

Recentemente, no final de um treinamento de vendas, um rapaz comentou que estava pensando em desistir das vendas para trabalhar em uma mineradora. Quando ele disse que ainda não fazia três meses que estava na empresa, a situação ficou ainda mais surpreendente.

Pedimos que refletisse se ele não estava sendo injusto com ele mesmo, ou mesmo muito severo. Afinal, quem consegue ter muito sucesso em alguma atividade em apenas três meses? Músico? Atleta? Ator? Consultor? Cabeleireiro? Advogado ou qualquer outro profissional? Não! Ninguém em três meses parte do zero e chega ao sucesso.

Por isso, se esse for o seu caso, o melhor conselho que podemos lhe dar agora é: dê a si mesmo o benefício da dúvida e, antes de achar que não nasceu para vender, aplique cuidadosamente as técnicas que vamos ensinar-lhe. Experimente aplicá-las durante algum tempo e veja como funcionam.

Essas técnicas estão funcionando para nós e para centenas de profissionais a quem orientamos e, com certeza, funcionarão também para você.

"A prática vai levá-lo à perfeição", diz o ditado popular. Então, seja um profissional persistente e interessado. Treine essas técnicas no seu dia a dia de vendas. Não desista fácil de seus objetivos, e seu futuro de sucesso chegará no momento que você menos imaginar.

Como escreveu Dale Carnegie, famoso escritor e orador norte-americano, "a maior parte das coisas importantes do mundo foram realizadas por pessoas que continuaram tentando, mesmo quando parecia não haver mais esperança de modo algum".

A pressa em ter resultados imediatos normalmente atrapalha. Por isso, não convém tentar pegar atalhos e encurtar caminhos.

Você poderá até chegar mais rápido, mas perderá toda a beleza da paisagem que o espera caso a viagem seja feita pelo caminho certo.

Você precisa se preparar para a caminhada, mas também deve continuar se preparando enquanto caminha. Por isso, entenda que a pressa pode se tornar seu pior inimigo.

Aprender como se comportar, pensar, reagir, organizar, estudar técnicas de vendas e os produtos que você vende, e manter atitudes adequadas para viver melhor, significa manter-se sempre pronto e preparado para dar aquele passo a mais que o levará ao sucesso.

Mude sua

história

Creio que até aqui estejamos de acordo com o principal problema que o profissional de vendas enfrenta no dia a dia: ele trabalha muito e obtém resultados fracos.

A solução dessa questão passa obrigatoriamente pela otimização do trabalho, que leva ao aperfeiçoamento da capacidade de aprendizagem e de aplicar o aprendido, resultando em maior produtividade.

Otimização, de acordo com o *Dicionário Aurélio*, é o processo pelo qual se determina o valor ótimo de uma grandeza, é o ato ou efeito de otimizar. Assim, é tornar algo ótimo, é buscar o que é excelente, o melhor possível, o grau, a quantidade ou o estado que se considera o mais favorável em relação a determinado critério.

Por meio da otimização é possível trabalhar uma mesma quantidade de horas, porém com um considerável ganho em termos de resultados. Em suma, o aperfeiçoamento da capacidade de aprendizagem e a aplicação do aprendido resultam em maior produtividade – exatamente o que tem faltado a grande parte dos profissionais de vendas.

Este livro traz inúmeras formas de otimização do trabalho. Por isso, mesmo que você não se adapte a todas elas, ou não as assimile completamente de início, poderá ainda assim ter um ganho considerável se compreender e aplicar parte delas.

> “Este é o caminho para você mudar sua história pessoal.”

Como ensinou W. E. Deming, que foi um estatístico, escritor, palestrante e consultor norte-americano, felizmente uma otimização completa não é necessária. Basta que se chegue cada vez mais próximo dela. Um ganho pequeno e seguro pode ser o suficiente para alterar toda uma rota, colocando-a em ascendência.

É possível aprender a aprender e, então, a aprender mais rápido, a ser mais inteligente, a ler, a escrever e a vender mais e melhor. Este é o caminho para você mudar sua história pessoal e, consequentemente, a história de sua família e seus filhos.

Se você é um vendedor, quer ser melhor vendedor, quer melhores resultados e uma vida ainda melhor, comece por se preparar para fazer bem o que você faz em sua profissão: atender seu cliente e vender.

Os **quatro pilares**

do **sucesso**

em **vendas**

Como dissemos, o principal foco deste livro é você, profissional de vendas, e não o cliente. Afinal, as principais dificuldades relativas ao fechamento de vendas podem ser vencidas exatamente por meio de uma boa preparação profissional.

É claro que essa preparação tem que ter em vista o bom atendimento do cliente, pois senão todo o seu conhecimento não fará sentido. Portanto, é preciso investir em ampliar seu conhecimento, para que você possa fazer o melhor atendimento.

O método que vamos lhe apresentar agora para promover o preparo adequado para atender o cliente e ampliar as vendas está dividido basicamente em quatro partes, ou ainda, como costumamos chamar, nos quatro pilares do sucesso em vendas:

- Preparo pessoal.
- Relacionamentos.
- Administração do tempo.
- Ferramentas de vendas.

Primeiro pilar: Preparo pessoal

O cuidado com o preparo pessoal é fundamental para qualquer outro passo que você dará, seja em termos pessoais, seja em termos profissionais. É você quem decide o caminho a tomar e tudo o que você decidir fazer em sua vida começa com sua vontade, com seu "querer". Depois, é preciso se preparar para empreender a jornada que o levará a seu objetivo. Consideraremos aqui alguns elementos essenciais para que sua jornada seja de sucesso.

Antes de tudo, é preciso querer

A tomada de decisão, a conscientização de uma vontade que se quer transformar em realidade, é imprescindível. Quem faz as coisas por fazer, sem vontade e determinação, não tem e nunca terá excelentes resultados em vendas, pois dificilmente existem produtos e serviços com pouca ou nenhuma concorrência.

É preciso ambição, aspiração ou desejo. É preciso ânimo firme, determinação e boa vontade.

Parecem qualidades demais? Mas não são. Todos esses termos derivam, representam e explicam apenas um, que é o ponto central: vontade. Se você tiver vontade, terá todas as qualidades citadas. Só é preciso querer.

Um exemplo marcante disso está em Marcos 10:46-51. Quando Jesus passava por Jericó, um cego que assentado mendigava junto do caminho o ouviu e começou a clamar por misericórdia. Ainda que muitos o mandassem calar, Jesus o chamou e, então, lhe fez a seguinte pergunta: "– Que queres que te faça?".

Tal pergunta poderia parecer óbvia, não? Contudo, se Jesus a fez, parece-me que era por ser necessária: uma manifestação de vontade e de fé. Aquele cego não só voltou a ver como seguiu Jesus pelo caminho.

Para que haja mudança é preciso uma manifestação de vontade.

O Batalhão de Operações Policiais Especiais (BOPE) do Rio de Janeiro ficou famoso após o sucesso do filme *Tropa de Elite*. É um dos batalhões mais bem preparados e treinados do país e do mundo. O BOPE somente é chamado quando a situação está insustentável e fora de controle. O treinamento desses homens é algo demasiadamente difícil e muitos desistem antes de chegar ao final.

Para entrar no Batalhão é necessário passar por muitas dificuldades e testes. Posteriormente, após integrar este seleto grupo, as dificuldades serão muito maiores do que no treinamento e, no mínimo, haverá um enorme risco de vida constante.

Pois o que talvez você não saiba é que o salário é praticamente o mesmo de outros soldados de mesma posição que não participam deste batalhão. Ou seja, esses homens corajosos, dignos e preparados estão participando do BOPE porque querem, porque decidiram estar lá.

Este é um dos principais motivos da eficiência e do destaque do BOPE: a decisão de querer, a paixão pela profissão e pela causa, por ser um "faca na caveira".

Entender o cérebro

Antes de entrar a fundo nesse assunto, é interessante deixar clara a importância do uso do cérebro para que tenha mais sucesso na carreira de vendas.

Quanto mais você conhecer como funciona seu cérebro, mais poderá utilizá-lo para conhecer detalhadamente seus produtos e serviços, clientes, concorrentes, mercado de atuação, política, economia, mercado internacional e até cultura geral, e consequentemente melhores serão seus resultados em sua área de atuação.

Cérebro: um dos mais importantes instrumentos de trabalho

O cérebro é um dos mais importantes instrumentos para vender, mas, em geral, é subaproveitado. É como se você tivesse uma Ferrari, mas só andasse a quarenta quilômetros por hora.

Para explorar melhor o imenso potencial do cérebro, precisamos conhecê-lo, saber como funciona, ler seu "manual de instruções".

> "Para que haja mudança é preciso uma manifestação de vontade."

O cérebro funciona como o mais espetacular dos computadores, com capacidades que até o melhor filme de ficção científica não poderia explorar.

Seu cérebro funciona em parte automaticamente e em parte mediante programação. Até mesmo a parte que funciona "no automático" admite reprogramação e é por falta de comandos corretos que a maior parte das pessoas subutiliza essa máquina.

Quem quer evoluir constantemente na vida não pode dar-se ao luxo de desperdiçar seus recursos, em especial os recursos do cérebro, a melhor e mais potente arma para lutar, vencer e evoluir.

Para que você tenha ideia do quanto nosso cérebro é poderoso, uma das mais promissoras linhas de desenvolvimento da informática é aquela que procura construir computadores que funcionem de modo análogo ao cérebro. A neurocomputação é assim chamada porque utiliza redes que simulam o funcionamento da rede neural (de neurônios). Daí surge a inteligência artificial, que é o conjunto de técnicas em que a máquina é programada para resolver problemas da mesma maneira que o cérebro humano resolve.

O triste é saber que neste momento em que os computadores procuram aprender com o cérebro humano ainda existem humanos que não aprenderam a usar o próprio "equipamento de fábrica".

O cérebro humano possui cerca de 10 bilhões de neurônios, que são as células mais distintas do organismo, apresentando maior complexidade estrutural e funcional que qualquer outra célula. Eles conduzem o impulso elétrico que é convertido em informação.

Todo o armazenamento de informações em nosso cérebro obedece a estruturas associativas em cadeia. Por isso, a forma eficaz de aprendizado é dinâmica, tal como é a estrutura cerebral. Certamente você nunca esqueceu o nome daquele cliente que tem o mesmo nome que o seu pai, ou o nome do seu filho. Isso ocorreu por uma questão de associação.

A partir de uma série de associações dadas, o cérebro é capaz de, consciente ou inconscientemente, elaborar novas associações. Criatividade é gerar novas associações. Desde que a pessoa não se autolimite, ela será capaz de suscitar ideias e soluções novas a partir dos dados preexistentes. Quanto maior o número de informações disponíveis no cérebro, maior a capacidade de resolver problemas.

Capacidade de captação e de retenção

O cérebro é capaz de captar uma notável quantidade de sensações. O olho humano, por exemplo, capta milhares de informações ao mesmo tempo, tantas que boa parte delas é assimilada apenas pelo inconsciente.

O consciente possui um limite para lidar com informações: ele só acompanha, no máximo, de cinco a sete coisas ao mesmo tempo. O que passa disso é jogado fora ou colocado no "automático" (inconsciente).

A retenção nada mais é do que a seleção que o cérebro faz (ligando e desligando o acesso aos neurônios) a respeito daquilo que, em uma montanha de informações, é o mais importante para o indivíduo. É por isso que ninguém guarda o telefone de uma pessoa que não lhe interessa: o cérebro não identifica utilidade e não retém o dado.

Com relação à concentração, quanto menor for o número de atividades concomitantes, maior será a concentração da pessoa e, paralelamente, sua capacidade de fixação das informações respectivas.

Com treino, é possível trabalhar bem com mais de uma atividade (multiprocessamento), mas fazer isso não é o ideal. É aquela velha história de não se tentar assoviar e chupar cana ao mesmo tempo. Não acaba saindo nada direito!

Se você estudar seus produtos ou novas técnicas de vendas com seu dente doendo, uma das informações que o consciente trabalhará é a dor. Logo, você terá "concorrência" com os assuntos dos catálogos. O que o cérebro acha mais importante, o estudo ou a sobrevivência da espécie? A tendência é que a dor dificulte a assimilação de outros dados.

Devemos saber administrar a relação consciente *versus* inconsciente e selecionar o que será retido em primeiro lugar de acordo com nossa vontade.

Os dois hemisférios do cérebro e sua utilidade para vendas

O cérebro possui dois hemisférios: direito e esquerdo. O lado esquerdo trabalha linguagem, fala, lógica, números, matemática, sequência e palavras. O direito trabalha rima, ritmo, música, pintura, imaginação, imagens, modelos e harmonias.

A utilidade desse conhecimento para o trabalho é a de procurar desenvolver as habilidades que, por alguma razão, não colocamos em prática. O rumo natural é sempre fazer o que é mais fácil, aquilo de que, a princípio, gostamos mais. Com isso, deixamos de empregar aptidões e competências que, embora menores em um primeiro momento, podem crescer e se revelar excelentes meios para fazer do cérebro um equipamento mais versátil.

A aptidão para o uso de um ou outro hemisfério faz da pessoa um artista ou um político, um cientista ou um escritor. O lado esquerdo é mais "acadêmico", mais "estudioso", ao passo que o direito é mais "artístico", mais "criativo". Não existem pessoas mais isso ou mais aquilo: existem pessoas que usam mais seu potencial disso ou daquilo. É claro que há os gênios, que são excepcionais em alguma habilidade ou na combinação delas, mas o gênio é a exceção.

No dia a dia da venda, em alguns momentos será necessário utilizarmos muita criatividade (lado direito do cérebro) para apresentar um produto e encantar um cliente mostrando o quanto ele poderá ser útil no cotidiano. E, momentos depois, será necessário utilizar muito raciocínio lógico (lado esquerdo do

> "Com treino, é possível trabalhar bem com mais de uma atividade."

cérebro) para negociar com esse mesmo cliente e trabalhar bem os números (descontos, juros, taxas, parcelas etc.). Tem os que adoram uma dessas etapas, mas não gostam da outra. Por exemplo, um dos motivos de as pessoas não gostarem da etapa da negociação pode ser a falta de habilidade em utilizar o lado esquerdo do cérebro.

Todos podemos aprender a utilizar os dois lados do cérebro e, assim, alcançar os benefícios da conciliação entre suas competências. O fato de usarmos mais um dos hemisférios não nos impede de desenvolver o outro e, se o fizermos, teremos uma máquina mais capaz e completa.

O sistema límbico

O sistema límbico é o responsável pela autoproteção instintiva do indivíduo, pela emoção e pela sexualidade. Nele não se reconhece a linguagem e se trabalha apenas com imagens e emoções.

Devemos a um brasileiro, Luiz Machado, a pesquisa e a demonstração da importância do sistema límbico para a aprendizagem. Segundo o professor:

> Nós temos dentro da caixa craniana três cérebros e dois hemisférios. Explicando: na evolução, a natureza dotou o ser humano com três estruturas, identificadas anatomicamente, que chamamos de complexo R (cérebro do réptil), o primeiro; o cérebro paleomamífero (o segundo cérebro) que, em termos de funções, se chama sistema límbico; e o terceiro cérebro, o cérebro neomamífero, possibilitador da linguagem conceitual e das operações intelectuais.
>
> Somos induzidos a pensar que a atividade intelectual se processa apenas no nível racional, lógico, através de linguagem escrita ou matemática, através de operações intelectuais. Essa noção vem por terra quando se verifica que o sistema emocional é responsável pela memorização e por fenômenos

com profunda repercussão na atividade intelectual (alegria, depressão, amor, paixão, desprezo, indiferença etc.).

Deste momento em diante, se queremos aprender e trabalhar com eficiência, devemos começar a usar não só o terceiro cérebro, mas também o segundo (chamado de sistema límbico), que lida com a emoção e a comunicação por meio de imagens mentais. Devemos utilizar o cérebro inteiro.

É possível fazer a programação do sistema límbico (o segundo cérebro) a fim de aproveitar todo o seu potencial. Se ele é, com o sistema glandular, responsável pela autopreservação e pela sobrevivência, é lógico que a partir do momento em que o programarmos corretamente sobre aquilo que nos é necessário, todo o sistema trabalhará a favor disso.

A força do cérebro humano é muito grande e, se você o programar corretamente, tirará bastante proveito disso.

Programando seu cérebro

A programação do segundo cérebro é feita através de:

- **Amor** – O amor que você tem pela coisa que quer ou a que se refere. Quanto mais se gosta de algo ou de alguém, mais o sistema límbico se envolve com o assunto e, consequentemente, participa daquela parte de sua vida, auxiliando com seu imenso potencial anímico (do que é relativo ou pertencente a alma). Assim, apaixone-se por seu trabalho. Encontre prazer em seu dia a dia. Quanto mais você gostar de seus produtos e serviços, evidentemente, mais fácil será vendê-los.
- **Interesse pelo assunto** – Seu interesse é reconhecido pelo segundo cérebro como uma forte indicação de que aquilo é importante e, portanto, deve ser aprendido, memorizado, guardado, objeto de atenção etc. Aqui reside a importância da motivação. Diga para si mesmo a importância do seu trabalho.

- **Senso de utilidade do assunto para o bem-estar próprio (busca de prazer ou fuga da dor)** – Quanto mais se conhece sobre a futura utilização do dado, mais o cérebro quererá memorizá-lo. Se a pessoa não vê ou sente utilidade, o cérebro desprezará as informações respectivas.

Aprimorar a inteligência

Indiscutivelmente, sua inteligência é uma grande aliada na busca por seus objetivos e melhores resultados.

Mas você é inteligente? Quando começamos a falar sobre esse assunto, sempre ocorre certo constrangimento entre as pessoas. Ao perguntarmos se as pessoas estão satisfeitas com a própria inteligência, a resposta é sempre negativa.

Podemos ir mais longe: em nossas pesquisas, verificamos que 70% das pessoas não se consideram inteligentes o suficiente, ou mesmo se acham até “um pouquinho burras”.

Somos educados a pensar que a inteligência e a beleza são dádivas da vida que recebemos prontas e acabadas, que estamos “condenados” a passar o resto da vida com a quantidade de uma ou de outra que foi por nós recebida. É óbvio que aquele que já recebeu do destino a beleza e a inteligência prontas é um afortunado, com muito mais facilidade e conforto. Mas será que dá para dizer que para quem não nasceu genial ou lindo restaria apenas a resignação?

No que diz respeito à inteligência, felizmente a conclusão é de que ela pode ser aperfeiçoada. É óbvio que o gênio nasce pronto, mas mesmo ele pode se aperfeiçoar. As pessoas que não tiveram tal sorte podem aprender técnicas que otimizem suas capacidades, muitas delas aprendidas com a observação dos gênios.

A verdade é que é possível aprender a ser mais inteligente e a desenvolver espécies diferentes de inteligência. A inteligência necessária para a felicidade está à disposição de todos. Além do mais, não existem pessoas “burras” e sim pessoas que ainda não tiveram a possibilidade ou a vontade de desenvolver sua capacidade intelectual.

Consideramos os dois melhores conceitos de inteligência:

- Inteligência é a capacidade de adaptação.
- Inteligência é a capacidade de buscar a felicidade.

A inteligência é uma habilidade que nasce com todos os seres humanos e é passível de desenvolvimento, ou seja, é possível aprender a ser mais inteligente.

Além da noção de que há diferentes espécies de inteligências, vale também mencionar que podemos ser mais inteligentes, desde que substituamos atos menos inteligentes por outros mais inteligentes. Logo, concluímos que:

- A felicidade é mais do que passar a vender sempre muito bem.
- Você não precisa ser um gênio para ser um profissional de vendas melhor do que é no momento.
- Você já possui hoje um enorme potencial de crescimento e aprendizado.
- Você pode otimizar sua inteligência e sua capacidade de aprender.

Firmar compromissos

Ao contrário do mero interesse por alguma coisa, compromisso significa querer com o coração, com intensidade, querer de verdade e assumir a responsabilidade por buscar aquilo que se quer obter. Compromisso tem a ver com persistência e constância em seus objetivos.

Vendedores que não dão valor ao compromisso – com o cliente, com a empresa e consigo mesmos – jamais se tornarão especialistas em vendas. Se você não se comprometer, não conquistará o que busca.

David McNally, ativista e professor de Ciências Políticas na Universidade de Toronto, diz, em seu livro *Even eagles need a push* (*Até as águias precisam de um empurrão*, em tradução livre), que compromisso é a disposição de fazer o necessário para conseguir o que você deseja.

> "Inteligência é a capacidade de adaptação."

Kenneth Blanchard, autor norte-americano e especialista em gestão, coautor do livro *O gerente minuto em ação*, afirma:

> Há uma diferença entre interesse e compromisso. Quando você está interessado em fazer alguma coisa, você só faz quando for conveniente. Quando está comprometido com alguma coisa, você não aceita desculpas, só resultados. É o compromisso que vai fazer você sacrificar temporariamente o que for necessário para preparar-se, trabalhar muito e perseverar até chegar onde deseja.

Há quem diga que Thomas Edison só conseguiu transformar em realidade sua visão mental da lâmpada elétrica na tentativa de número 10 mil. E que a cada fracasso ele se animava a continuar dizendo para si mesmo que havia descoberto "mais uma forma de não inventar a lâmpada elétrica". Isso é renovação constante do compromisso com o objetivo.

Por isso hoje ainda é atribuída a Thomas Edison a autoria da frase "Nossa maior fraqueza está em desistir. O caminho mais certo para vencer é tentar mais uma vez".

Desenvolver autodisciplina

Autodisciplina tem a ver com domínio da própria vontade, independentemente do quanto as condições possam ser adversas. É uma qualidade indispensável para qualquer pessoa que queira alcançar um sonho ou realizar com louvor sua missão de vida.

Oscar Schmidt, um dos maiores atletas que conhecemos no Brasil e que, hoje, integra o Hall da Fama da NBA, ensina que a diferença entre um bom atleta e um atleta medíocre (mediano) é que este para diante das primeiras dificuldades, ao passo que aquele, mesmo cansado, dá mais uma volta na pista, e mais uma volta, e mais uma volta. Assim, aos poucos, vai melhorando, minuto a minuto.

Não foi qualquer um que disse isso... Foi um dos maiores jogadores de basquete de todos os tempos. Ele, na verdade, indicou uma qualidade indispensável para um atleta e para qualquer pessoa que queira alcançar um sonho: autodisciplina.

Para ajudar na autodisciplina, conscientize-se de que você é responsável por seu futuro e é o diretor de sua vida. Ou seja, você é quem orienta e dirige sua vida.

Liste seus objetivos a curto, médio e longo prazos e releia-os periodicamente. Mantenha-se atento a seu desenvolvimento na direção de seus objetivos, para poder ajustar o rumo todas as vezes que for necessário.

Lembre-se de que você é o resultado de suas escolhas. Sendo assim, tenha disciplina para manter-se caminhando forte e decidido, mesmo quando sentir que pode diminuir o ritmo. Não ceda à tentação da preguiça.

Um amigo vendedor comentou que, quando atinge a meta de vendas do mês, relaxa e diminui o ritmo de trabalho. Isso não pode acontecer se você quer construir uma carreira de sucesso.

A autodisciplina é uma espécie de bateria, com carga para fazer você render e trabalhar forte, mesmo com as metas atingidas. Afinal, se você quer sair da situação atual e crescer na carreira de vendas, não pode relaxar enquanto não realizar todos os seus sonhos.

> “Inteligência é a capacidade de buscar a felicidade.”

Que tal fazer agora mesmo um exercício para começar a treinar uma nova postura? Pegue papel e caneta e escreva uma lista das coisas que você fará para melhorar sua autodisciplina. Não deixe para escrever depois. Tem que ser agora. Este já é um treino de autodisciplina. Veja um pequeno exemplo:

- Listar as três tarefas mais importantes para fazer no dia.
- Manter-se longe das distrações da internet.
- Ir sempre até o fim de cada tarefa, antes de passar para outra.

Trabalhar com organização

Organizar-se é estabelecer prioridades para chegar onde você deseja e depois permanecer fiel a elas, agindo com responsabilidade. Em vendas, especialmente, pecar quanto à organização do trabalho é o mesmo que deixar ao acaso os resultados no final do mês.

Talvez você já tenha ouvido alguém lamentando algo como: "Hum, eu sei que não sou organizado! Mas não tenho tempo para cuidar disso".

Todo mundo já passou, ou passa, por uma situação em que a desorganização atrapalha muito seu desempenho e seus resultados. Será que este é seu caso? Se for, então responda: o que de fato você está fazendo para se organizar melhor?

Organizar-se é estabelecer prioridades.

A conjugação do estabelecimento de prioridades (planejamento estratégico) com a autodisciplina (domínio próprio) e com a estruturação das atividades é a melhor forma de criar tempo para o estudo, o lazer, o descanso, a família etc.

Deixar tudo para a última hora contribui para a desorganização. Deixar as coisas para o último dia é pedir para ter problemas e dar chance para o azar. No último dia uma máquina quebra, alguém fica doente, o computador trava, ocorre um imprevisto e o importante torna-se urgente.

Comece a se organizar e uma boa dica é: cumpra logo suas tarefas. Não procrastine.

Clientes percebem rapidamente e com muita facilidade quando um profissional de vendas não é organizado, e obviamente isso não transmite segurança para eles. E sem segurança não há confiança e, por consequência, não há venda.

Se você disse que ligaria para o cliente na segunda-feira pela manhã, anote em sua agenda e ligue dizendo algo como: "Olá! Conforme havíamos combinado, estou ligando para lhe dar o retorno daquele assunto que...".

Ligue no dia e horário marcado, mesmo que seja para dizer que ainda não foi resolvido o problema ou que o produto ainda não chegou. Mas ligue para dar satisfações porque, afinal, você disse que ligaria.

Tudo o que você prometer anote em uma agenda, um caderno, no celular ou no computador. Evite pequenos papeizinhos, pois é muito fácil perdê-los e, se não tiver escolha, passe a limpo assim que possível.

Chama a atenção positivamente quando uma pessoa é organizada. Passamos a acreditar e confiar mais nela.

Outra forma para facilitar sua organização é fazer uma relação das tarefas e atividades da semana, priorizá-las e posteriormente dividi-las por dia.

Quando você precisa visitar muitos clientes no interior, em cidades distantes, use os sábados para programar toda a semana, elaborando um roteiro com estudo de estradas, hotéis e todas as despesas. Duas horas investidas nesse trabalho no sábado equivalem a quatro ou cinco horas economizadas durante a semana, sem contar a tranquilidade para viajar e visitar os clientes.

Prestar atenção ao que é relevante

Ser perspicaz é fundamental para fechar uma venda. Isso significa que você precisa estar alerta para perceber os detalhes daquilo de que seu cliente precisa.

> “Ser perspicaz é fundamental para fechar uma venda.”

Fique alerta, concentre-se no que faz. Não tenha receio de questionar, duvidar, perguntar, pedir explicações. Observe, raciocine e reflita sobre o que está acontecendo ao seu redor. Perceba se você pode ajudar o cliente a resolver o problema dele e esteja disponível.

Um excelente profissional de vendas observa e domina o ambiente da negociação de tal maneira que se torna uma fonte de informações para seu cliente, ajudando-o a ficar tranquilo e seguro para decidir sobre a compra.

Para ter sucesso em vendas é preciso estar aberto para a realidade e para novas ideias. Por isso, esteja atento a tudo o que diz respeito ao cliente e ao produto.

Ampliar a flexibilidade

Flexibilidade é a capacidade de se adaptar. E adaptação é uma forma incrível de inteligência.

Tudo o que você vir, ler, ouvir, sentir etc. deve ser avaliado. Teste as coisas, veja se funcionam bem para você ou se, para funcionarem melhor, demandam alguma modificação.

Não tenha receio de criar seus próprios métodos e soluções. Se um obstáculo vier, a flexibilidade será saber contorná-lo.

Na venda, a flexibilidade é algo básico, ou seja, sem flexibilidade não há venda e um profissional sem essa característica não irá muito longe.

Em um seminário de vendas, surgiu o seguinte relato de um vendedor: “Eu estava quase fechando a venda e o cliente me pediu um brinde. Eu olhei bem para ele e falei: ‘eu não aumento meu preço só para poder embutir o valor de um brinde’”.

Será que ele fechou a venda? Não é preciso nem escrever aqui a resposta, certo?

Quando um cliente lhe pede um brinde, na maioria dos casos ele já decidiu comprar de você, está aceitando todas as condições de entrega e pagamento e só está pedindo um incentivo, um agrado, um "carinho". Sendo assim, seja flexível.

Talvez você possa até estar pensando no que faria se não tivesse algum brinde para dar. Faça qualquer coisa, mas não seja duro nesse momento. Lembre-se: seja flexível... e também criativo para imaginar uma solução que agrade e fidelize o cliente.

Você usará a flexibilidade para ter melhores condições de atender a enorme diversidade de tipos de clientes. Certamente você já atendeu ou atenderá clientes nervosos, ansiosos, detalhistas (que, muitas vezes, podem ser chatos), prepotentes, zangados, indiferentes, engraçadinhos, sem noção, apáticos, chorões (que pedem muito desconto e vantagens), entre dezenas de outros tipos de clientes.

Claro que nem tudo são espinhos, pois existem também os clientes carinhosos, educados, atenciosos, compreensivos, enfim, tipos positivos de clientes que reforçam o ânimo e carregam as baterias dos vendedores.

A flexibilidade é fundamental para seu preparo em atender e vender para toda uma diversidade de tipos de clientes. E tendo a habilidade de ser flexível você não irá para casa tão carregado e cansado no final do expediente.

A capacidade de adaptação é importante em toda a sua vida. É preciso fluir pela vida como a água flui pelo leito do rio, contornando obstáculos em vez de lutar contra eles. Viva de maneira mais leve. Não lute contra coisas que não mudam. Adapte-se a elas.

Volte e leia esta última frase novamente, apenas com as duas primeiras palavras. Agora pense: o que ela significa para você? Quais seriam seus resultados se você colocasse 100% dessa frase em prática?

Veja algumas situações em que os profissionais da venda não colocam essa ideia em prática:

- Reclamam que para vender mais é necessário baixar o preço.

- Querem vender produtos e serviços de acordo com suas preferências e não consideram o gosto do cliente.
- Ficam indignados quando o cliente se atrasa ou pede para fazer uma alteração em algo que foi combinado.
- Não gostam de trocar mercadorias.
- Ficam furiosos quando um cliente entra na loja cinco minutos antes de ela fechar.
- Criticam clientes que reclamam do preço, da qualidade dos produtos e das condições de pagamento.

Todas essas situações, e incontáveis outras, provavelmente não mudarão. E com frequência se repetirão no dia a dia da venda.

Por isso vamos realçar esses conceitos, de uma forma um pouco diferente: "Não é o mais forte que sobrevive, nem o mais inteligente, mas o que melhor se adapta às mudanças". Essa frase tem sido atribuída ao naturalista britânico Charles Darwin, embora tenha sido proferida por Leon C. Megginson, professor da Louisiana State University quando em 1963 apresentou sua interpretação sobre a obra de Charles Darwin.

Sendo assim, aceite as situações que você não pode mudar, ou que não convém que mude. Elas podem nunca deixar de existir e você estará desperdiçando tempo e energia – e muitas vezes até saúde – lutando contra elas. Aceitando-as, viverá melhor.

Ter consciência de seu projeto de vida

Trabalhe o necessário, pelo tempo que for preciso e você transformará seus sonhos em realidade. Como profissional de vendas, você entende a importância de pagar esse preço para realizar seu projeto de vida?

Ao começar o projeto para vender mais e viver melhor, é preciso que você tenha consciência de que está diante de uma tarefa excelente e que ela poderá ser demorada e trabalhosa. Mas que lhe trará uma enorme quantidade de benefícios.

Como já dissemos, a diferença entre o sonho e a realidade é a quantidade certa de tempo e de trabalho. Assim, a diferença entre você como vendedor hoje, do jeito que está, e o vendedor que você quer ser, ou entre a pessoa que é hoje e aquela em que quer se transformar, é simples: a quantidade de tempo e de trabalho que você dedicará a essa transformação.

O tempo significa o período de amadurecimento e preparação, para os quais é preciso ter disciplina, paciência e persistência. O trabalho envolve não só estudar mais seu produto, vender mais, mas também praticar o que está aprendendo de novo.

Se você continuar a fazer o que sempre fez, obviamente terá os resultados que sempre teve. Faça algo diferente e positivo e, com tempo e trabalho, você terá resultados melhores.

Assim, ao começar o projeto para vender mais e principalmente viver melhor, é preciso que você tenha consciência de que está diante de uma tarefa excelente e que ela poderá ser demorada e trabalhosa. Mas é excelente, pois lhe trará uma enorme quantidade de benefícios.

Passar em provas e concursos, ter sucesso profissional, ser o melhor vendedor nacional de sua empresa, ter estabilidade financeira, tudo isso exige muito conhecimento e invariavelmente são metas que levam tempo e dedicação para se obterem. Mas é importante entender que se você não utilizar as técnicas certas, se ficar parando e recomeçando, se não aprender a se organizar, demorará ainda mais tempo e gastará muito mais de sua energia.

Lembre-se de que seu projeto de vida de vender mais e viver melhor não é só seu, muitas pessoas querem isso. Muitos vendedores querem vender para o mesmo cliente que você. Mais um motivo para que tenha foco e determinação em seu projeto.

> “Aceite as situações que você não pode mudar.”

Há quem diga que é difícil vencer na vida. Mas isso não é uma verdade. Pode ser trabalhoso, mas não é difícil.

Difícil mesmo é não ter saúde suficiente para trabalhar e construir uma carreira. Ainda assim, sabemos de pessoas que mesmo em cadeiras de rodas realizam mais do que outras sem qualquer necessidade especial.

A resposta certa é que crescer profissionalmente é um fácil-trabalhoso. Fácil porque as regras são claras e há técnicas que, se aplicadas, trarão resultados seguros; trabalhoso porque até aprender as técnicas, organizar-se, treinar, pegar o jeito, leva algum tempo.

Mas quem começar e prosseguir chegará lá. Com certeza. É só não desistir e ir, aos poucos, se aperfeiçoando, chegando mais perto do objetivo.

Acreditar na viabilidade de seus sonhos

Mesmo quem não acompanha futebol já ouviu falar de algum craque que é revelado com menos de 18 anos. Muitos dizem que é um fenômeno e todas as mídias se voltam para esse jogador. Mas poucos lembram que ele começou a jogar futebol com 4 ou 5 anos, e faz isso todos os dias de lá para cá. Sem contar que esse menino tem um sonho muito forte: jogar na seleção e ser o melhor do mundo. Isto é o que o torna excepcional.

Se você não acreditar que poderá se tornar um diretor nacional de vendas ou um empresário de muito sucesso de uma excelente empresa, quem acreditará por você e por quê?

Então, já definiu qual será seu objetivo?

É claro que você gostaria de vender mais. Porém aumentar vendas pode ser uma meta, mas não um objetivo maior. Do que estamos falando? Talvez você conheça casos em que o vendedor de uma loja, depois de anos de trabalho, tornou-se o proprietário dessa loja. É disso que estamos falando. É sobre onde você quer chegar vendendo mais e melhor!

Um atleta, ao participar de um campeonato estadual, certamente está pensando nas olimpíadas. Quando chega na Olimpíada, ele pensa em bater o recorde mundial. Sua meta tem que ser grandiosa.

Você de fato acredita que pode alcançar seu objetivo? Responda com sinceridade. Experimente fechar os olhos e se imaginar no lugar, no cargo ou na atividade que intimamente deseja.

Você consegue se enxergar nessa situação? Você consegue se ouvir falando nesse lugar ou praticando essa atividade? Você consegue imaginar-se em sua mesa, sua sala, seu escritório ou sua empresa?

Sinceramente, esperamos que sim, pois aqueles que não fazem esse tipo de visualização tendem sempre a desistir no meio do caminho.

Qualquer pessoa que acredita que pode atingir seu grande objetivo, e se comporta de acordo com essa crença, alcança o sucesso. Só o simples fato de imaginar uma meta a ser conquistada já é um fator que trabalha a favor de conquistá-la. E mais ainda, quando desconhece uma limitação, ou não se deixa dominar por ela, a pessoa vai lá e faz, independentemente do que os outros acreditam.

Por mais complicada que uma coisa seja, poderemos fazê-la desde que treinemos o suficiente. Além disso, nunca começaremos do nada, porque nenhum conhecimento novo exclui o anterior. Nossa capacidade atual é o produto de todo o processamento anterior. Assim, desde que não se desista, sempre haverá um acréscimo de competência para se alcançar o resultado.

Se uma tarefa parece enorme, difícil, não há problema. Organize-se, comece pelo estágio mais fácil, depois vá para o mais difícil. Coma o mingau pelas beiradas.

É preciso começar

É a vontade humana convertida em ação que transforma a realidade.

A partir do momento em que se tem um objetivo claro e datado, com a motivação adequada e a crença de que ele pode ser alcançado, inicia-se a fase da ação no mundo material. A meta deixa de ser só uma ideia.

Assim como tudo o mais na vida, suas decisões precisam de definição e ação. Atitudes como parar de fumar, fazer um regime, economizar, entre outras, funcionam melhor quando é determinada uma data, um marco, para iniciar.

Em sua vida profissional também é exatamente assim que as coisas funcionam. Se você quer mudar algo, aumentar seus resultados em vendas e conquistar uma vida melhor, é preciso planejar coisas novas, que funcionem melhor, traçar planos de ação e, sem dúvida, agir na direção que planejou.

Metas como fumar menos, comer menos ou fazer mais exercícios sem definir o momento, a frequência e a intensidade costumam não apresentar bons resultados.

Se você quer vender mais e melhor, mas não planeja, não traça uma estratégia, não faz coisas diferentes, seus resultados também não serão significativamente melhores.

Defina o que, quando e como começará a executar ações para contribuir com seu objetivo maior. Foque em sua decisão de conquistar melhores resultados em vendas e preencha o quadro a seguir levando em conta cada uma das metas que você se propõe a atingir:

Objetivo maior:
Ação a executar:
Início das ações para atingir seu objetivo: __/__/__

Para ajudá-lo em sua ação, disponibilizamos a seguir um projeto para que você inicie ou otimize seus trabalhos e um fluxograma para ajudar na sistematização de seus objetivos (Figura 1).

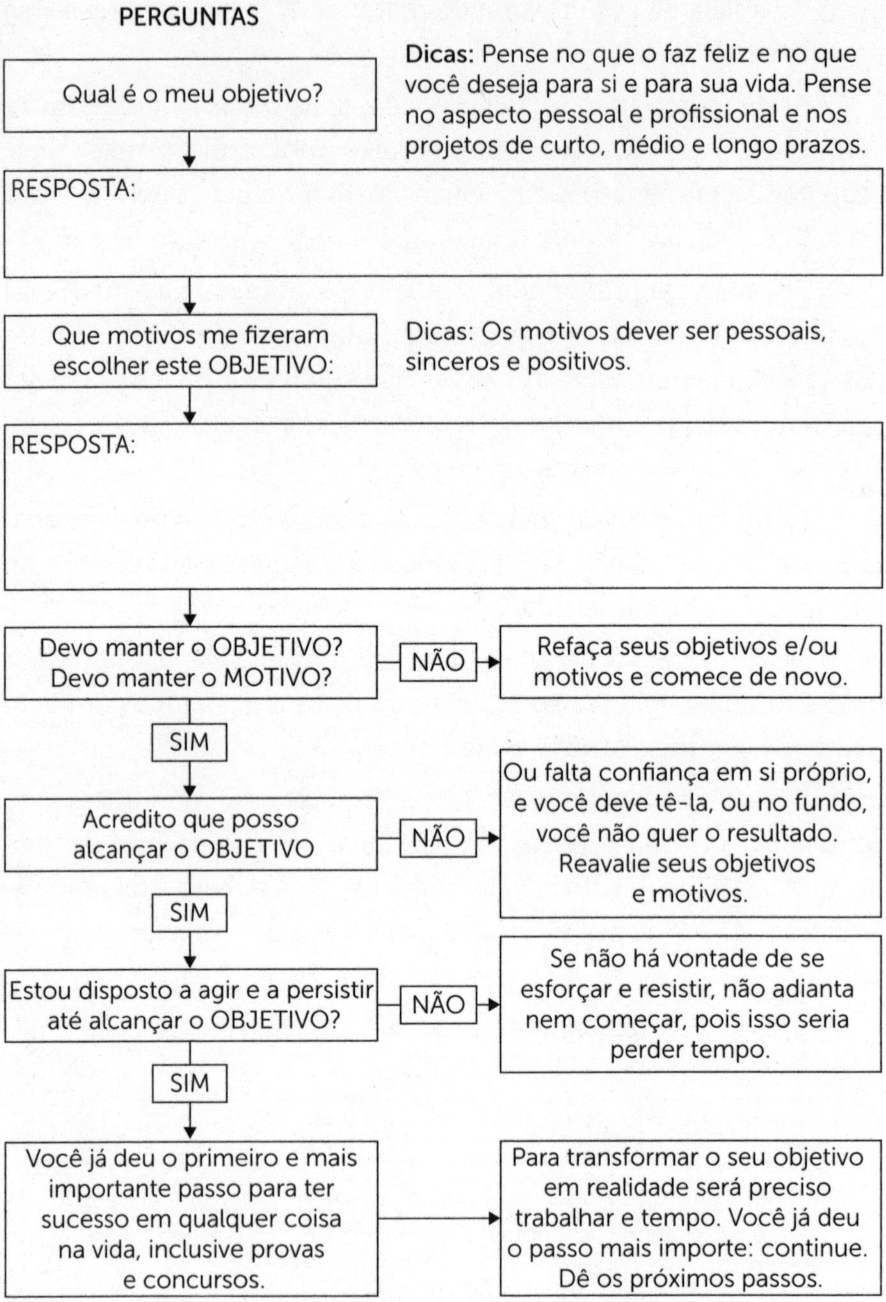

Figura 1. Projeto Viva Melhor e Venda Mais – Fluxograma do objetivo

Se você não modificar sua ação no mundo exterior, seus resultados serão idênticos aos que já tem, ou piores. Para mudar alguma coisa significativa em sua vida, é preciso buscar novos caminhos e agir. Portanto, aja!

É claro que para termos um objetivo claro e datado, com a motivação adequada e a crença de que ele pode ser alcançado, precisamos antes ter traçado um plano. E é sobre planejar que vamos falar a seguir. Cada venda precisa ser planejada com o mesmo empenho com que precisam ser planejados os caminhos até seu objetivo maior de vender mais e superar todos os resultados.

Planejamento – Transformar obstáculos em degraus

Todos enfrentamos barreiras em nossos caminhos. Profissionais de vendas, em especial, enfrentam desafios a cada dia, a cada nova negociação.

O problema é que algumas pessoas fazem uma verdadeira tempestade em um copo d'água, criando problemas e dificuldades onde não há, tornando-se vítimas dos próprios pensamentos fatalistas. Quando imaginam que poderá acontecer algo ruim e, em pouco tempo, já estão sofrendo como se aquele algo ruim já tivesse realmente acontecido.

Por outro lado, as pessoas vencedoras conseguem transformar grandes obstáculos em pequenos degraus, que mais tarde servirão para continuarem crescendo e evoluindo.

Planejamento

Normalmente as pessoas planejam festas de casamento definindo a lista de convidados, data e horário do evento, contratação de serviços de alimentação, filmagem, fotografia, decoração, entre outros.

Uma viagem por menor e mais simples que seja, começa com um planejamento no qual são definidas questões como destino, trajeto, horário de saída e previsão de chegada, meio de transporte, alimentação, hospedagem, entre outros detalhes.

Mesmo que mentalmente, o planejamento acontece. Porém, em diversos casos, mesmo com muito planejamento, nem tudo acontece conforme o planejado. Imagine então o que poderia acontecer se não houvesse um planejamento mínimo.

Então, se em situações cotidianas fazemos planejamento, mesmo que mentalmente, por sabermos ser importante, o que dizer da necessidade e da relevância do planejamento para você alcançar seus objetivos maiores? Desnecessário dizer, não é mesmo?

Para iniciar seu planejamento é necessário saber exatamente quais são seus pontos fortes e fracos, como você lida com algumas circunstâncias e quais as atitudes necessárias para mudar ou aprimorar suas características desejáveis.

Para isso, faça um levantamento pessoal, como apresentado a seguir:

Fenômeno	Característica	Atitude
Fraquezas	Falhas ou vícios internos e pessoais que limitam o desempenho. Ex.: medo, insegurança, preguiça, apatia, inveja, timidez, excesso de desejo por lazer etc.	Por meio do exercício de autocontrole e domínio próprio, eliminar os inibidores de comportamentos ideais ou reduzir sua influência a padrões aceitáveis.
Fortalezas	Qualidades e atitudes que permitem uma vida melhor e um desempenho superior nas vendas. Ex.: autoestima, dedicação, persistência, paciência, fortaleza, alegria, organização, ânimo etc.	Aproveitar ao máximo as qualidades já existentes e, por meio da mudança da própria mente, desenvolver novas qualidades.

Fenômeno	Característica	Atitude
Dificuldades	São circunstâncias externas que prejudicam suas vendas. Ex.: pessoas que o desmotivam, dificuldades de saúde, limitações financeiras ou geográficas, fenômenos da natureza etc.	Tentar eliminar as dificuldades na medida do possível: neutralizar os desmotivadores. Cuidar de sua saúde e adaptar-se às circunstâncias imutáveis.
Facilidades	São circunstâncias que facilitam o planejamento. Ex.: sucesso em suas vendas, indicações de clientes, elogios de clientes, região de atuação, carteira de clientes, apoio da família etc.	Aproveitar ao máximo as oportunidades. Não desperdiçar as vantagens, que podem não ser eternas. Não agir como o coelho, que, por ser mais veloz que a tartaruga, descuidou-se e perdeu a corrida.

Fraquezas e fortalezas

Há uma série de fatores que inibem o desempenho do profissional de vendas. Precisamos nos olhar no espelho e, com sinceridade, definir nossas qualidades e nossos defeitos.

Quais são as qualidades que facilitam sua atuação como profissional de vendas? Quais são os defeitos que mais o atrapalham?

Já parou para pensar nisso? Não há como mudar algo sem saber o que se quer mudar.

Não ceda à tentação de pular essa parte do processo de aperfeiçoamento e não deixe de se autoavaliar. Afinal, você quer ou não ter mais sucesso e viver melhor?

Seja crítico. É preciso julgar a si mesmo e evitar apresentar justificativas para suas eventuais falhas – sim, porque todos nós as temos, mas não devemos nos conformar com elas.

Mais do que isso, liste as coisas que mais o atrapalham no mundo das vendas e na rotina do trabalho. Quando você se autoavalia e

"Seja crítico."

identifica suas dificuldades, é mais fácil superá-las. É por falta dessa prática que muitos não evoluem o quanto gostariam.

Por exemplo, se você não finalizou sua venda, procure identificar o que ocasionou isso (desconhecimento do produto, falta de flexibilidade...). Corrija essa falha e assim, na próxima vez, você estará mais bem preparado. O mesmo vale para provas, relacionamentos, investimentos.

Quando você se esforça o suficiente, mais cedo ou mais tarde aquelas dificuldades deixarão de ser uma barreira. Você estará suficientemente preparado para eles.

No caso específico de preparação para exames e concursos, em geral as ações necessárias serão do tipo: passar a prestar mais atenção às questões antes de respondê-las; estudar mais a matéria em que você tem mais dificuldade; memorizar melhor os conhecimentos; dividir melhor o tempo na prova; controlar o medo e a ansiedade, entre outras.

Se você tem dificuldade com clientes que reclamam do preço e que desvalorizam os serviços e produtos que vende, perceba que pode ter melhores resultados entendendo que o cliente não está afrontando você, e sim que o comportamento dele faz parte do mundo das vendas. E na maioria dos casos os clientes reclamam do preço e desvalorizam empresas e produtos como forma de desestabilizar o vendedor e conquistar maiores descontos.

Quando você passa a controlar seus sentimentos e comportamentos (fatores internos pessoais), os fatores externos negativos deixam de ser um problema.

Algumas fraquezas

Na prática, ao anotar aquilo que atrapalha e dificulta sua atividade profissional, você está trabalhando com os fatores inibidores de desempenho. Quando você elimina os fatores inibidores pessoais, melhora sensivelmente seu desempenho em vendas.

A pergunta é: quais são os fatores que inibem seu desempenho? Obviamente a resposta a essa questão é pessoal e individual.

Por isso, propomos algumas sugestões sobre alternativas e soluções que se têm mostrado adequadas ao longo dos anos para contornar alguns fatores inibidores.

Os problemas listados a seguir podem não estar incomodando você agora, mas poderão vir a afligi-lo no futuro. São problemas e dificuldades comuns, que atingem a maioria dos profissionais da área de vendas.

Pessoas com problemas idênticos a esses conseguiram superá-los. E você também conseguirá vencê-los, se esse for seu caso.

Veja algumas das dificuldades e inibidores mais comuns e fique mentalmente pronto para superá-los quando eles surgirem.

É muito importante ter em mente que, independentemente da profissão que você exerça, cada uma das fraquezas exemplificadas a seguir pode ser transformada em fortaleza, desde que adote a postura correta e a determinação firme de buscar a realização de seus sonhos.

Para os profissionais de vendas, em especial, transformar essas fraquezas em fortalezas é ponto essencial para conquistar novas vendas, superar suas expectativas de resultados e conquistar uma vida com mais qualidade e mais feliz.

Crises profissionais

Não estamos dizendo que você é dado a ter crises. Estamos nos referindo a possíveis crises em relação a sua profissão ou seu emprego atual.

É comum vendedores trocarem de emprego com frequência; após a pessoa entender realmente de vendas, fica fácil mudar de função. Porém as trocas frequentes impedem a melhoria de performance e crescimento nas vendas daqueles produtos ou serviços, pois quando se começa a conhecê-los bem, assim como a clientela, o profissional sai do emprego para ir trabalhar em outra empresa.

Resultados imediatos não acontecem. Sempre existirá um tempo de adaptação, conhecimento do mercado e dos produtos e serviços e, dependendo da área de atuação, esse período pode durar meses. Tenha paciência e persistência – estas são questões fundamentais na venda.

Mesmo se pretende trocar de emprego em breve, faça tudo bem feito. Trabalhe como se seu empregador fosse a melhor empresa. Lembre-se de que um jogador de um time pequeno só será contratado por um time grande se fizer gols, se jogar melhor e de forma diferente de seus colegas. Caso contrário não chamará a atenção de ninguém.

Em uma crise, lembre-se: crises são passageiras e sempre deixam lições preciosas que nos ajudarão a construir o caminho futuro. Procure ter serenidade e determinação para avançar, mesmo diante das crises mais difíceis. Você verá a recompensa surgir em um futuro próximo. Quando você passar por uma fase de poucas vendas, aproveite para aprender com essa situação e seguir em frente. Pode ter certeza de que se persistir nas ações corretas, suas vendas se multiplicarão em um futuro bem próximo.

Justificativas

Muitos de nossos colegas vendedores têm o hábito de justificar seus insucessos culpando, acusando e dando desculpas pouco convincentes. Normalmente culpam o governo por não baixar os impostos – esquecem que as regras do jogo são as mesmas para todos. Acusam outras empresas de concorrência desleal. Culpam a própria empresa por praticar preços muito altos e falam que o produto deveria ser melhor. Acusam o cliente de ser muito chato, exigente e de fazer "leilão" com os preços, como se isso fosse o fim do mundo. Dão desculpas quando não atingem suas metas.

> “Resultados imediatos não acontecem.”

Para evoluir é necessário parar com as justificativas e encarar os resultados ruins, analisando-os e assumir a responsabilidade por eles. É duro e difícil, mas assim ficamos com o problema até percebermos as soluções e caminhos para atenuá-los.

Quando você se justifica, é como se estivesse livrando-se do problema, porém isso é como varrer a sujeira para baixo do tapete. Ela está lá ainda, mesmo que você não a perceba.

A solução é parar com as justificativas, achar os verdadeiros motivos do insucesso, encará-los e resolvê-los definitivamente.

Fadiga

Você, ao ir dormir, relaxar, desligar a TV, não mexer no celular e não ficar pensando nos problemas da vida, seu sono renderá mais e estará pronto para encarar mais um excelente dia de vendas. Às vezes ficamos cansados por, ao deitarmos, continuarmos trabalhando mentalmente.

Existe uma técnica para aqueles que fazem *checklist* mental de suas pendências, antes de dormir: deixe uma caneta e um bloco ao lado de sua cama, quando começar a pensar nos seus compromissos, acenda a luz e transcreva tudo o que está pensando para o papel. Feito isso, desligue a luz e volte a dormir. Dessa maneira será bem mais fácil pegar no sono e também lembrar de todos os afazeres no outro dia pela manhã.

Cansaço é diferente de sono. Ter sono é normal; já o cansaço é gerado por excesso de tarefas ou má administração do tempo.

Procure dormir o suficiente e com qualidade, fazer exercícios físicos regularmente, não se alimentar em excesso sobretudo antes de dormir; evite o quanto possível o excesso de tarefas e tenha momentos de relaxamento, de reflexão. Isso diminuirá seu cansaço.

Entenda que se você estiver bem com você mesmo, equilibrado, descansado, relaxado, renderá mais e venderá melhor. Viverá melhor e será mais feliz.

Falta de concentração

Em geral, a falta de concentração é fruto da falta de interesse no objetivo, ou falta de treino e organização.

Se você não estiver concentrado fará perguntas repetidas, cometerá enganos, registrará informações trocadas ou não registrará coisa alguma, esquecerá nomes de clientes e produtos ou cometerá falhas. Todas estas são situações que podem ser evitadas.

A falta de interesse é um dos pontos principais. Você lembra quando se apaixonou por uma pessoa? Naquela época esquecia o nome dessa pessoa? E quando adolescente, talvez você gostasse muito de uma banda e, certamente, sabia e não esquecia seu nome e as letras de suas músicas.

O primeiro passo para se concentrar no sucesso da venda, tendo atitudes como decorar o nome de um cliente, é realmente estar interessado nele. Mais à frente, falaremos um pouco mais sobre como funciona o cérebro e ensinaremos algumas técnicas de memorização. Porém o que é importante saber agora é que sua concentração no processo de venda depende basicamente do quanto você se interessa por seu trabalho e pelo objetivo que busca atingir.

Falta de disciplina

Disciplina é fundamental. Escolha se você quer ter disciplina e ser um profissional de vendas com muito sucesso e manter uma boa estabilidade financeira, ou se prefere continuar atracado no mesmo porto, assistindo a vida passar.

Conhecemos diversos profissionais de vendas que ganham mais do que muitos diretores de empresas. Gente que adquiriu um invejável patrimônio. Obviamente eles são muito disciplinados e determinados.

Muitas pessoas ficam esperando surgir um tempo livre para começar a fazer algo diferente, como estudar mais o que vende atualmente, prospectar clientes, ligar para clientes antigos, fazer um curso ou ler algo sobre vendas. Como esse tempo dificilmente sobra, essas intenções não passam apenas de ideias e vontades não colocadas em prática.

Quem fica esperando uma situação perfeita para começar a mudar acaba não começando e poderá ter, como consequência, o desagradável sentimento de fracasso.

Talvez você trabalhe com vendas, tenha metas estipuladas e precise atingi-las todos os meses. Difícil é encontrar, atualmente, empresas que não determinam metas para seus profissionais de vendas – é apenas uma questão de tempo para aquelas empresas que ainda não trabalham com metas começarem a utilizá-las.

Porém não é raro encontrarmos empresas com metas pouco desafiadoras, e isso poderá fazer com que você não se dedique tanto nem tenha tanta disciplina quanto poderia ter.

É comum encontrar casos em que, quando a loja atinge a meta mensal, normalmente na terceira ou quarta semana do mês, o gerente de vendas diminui a pressão e a cobrança sobre os vendedores. E como não tem alguém cobrando, os vendedores não rendem muito.

Talvez você já tenha ouvido alguém dizer: "Eu sei que eu poderia render e vender bem mais, mas como meu gerente não me incomoda acabo não me empenhando".

Agora, imagine as empresas onde ainda não há metas estipuladas e pressões de superiores? Quanto é que todos poderiam estar vendendo a mais?

> "A falta de concentração é fruto da falta de interesse."

Também existem casos em que o problema é a redução das vendas em meses posteriores àqueles em que os vendedores venderam muito acima das metas estipuladas. Ou seja, o vendedor que recebeu muito mais que a média em um mês, acaba diminuindo sua dedicação e resultados no mês seguinte.

Não permita que situações como essas aconteçam com você. Seja disciplinado e exigente com você mesmo, principalmente quando seu supervisor, gerente ou diretor não lhe determinar grandes desafios. Você mesmo deverá estipular seus próprios desafios e metas – e fazer com que eles sejam maiores que os que a empresa lhe exige.

Falta de tempo

A falta de tempo é resultado da falta de compromisso com o objetivo ou da falta de organização e autodisciplina.

Não esqueça que todas as pessoas têm diariamente as mesmas 24 horas. Quanto melhor você investir essas horas em sua profissão, estudando, treinando, aprendendo e praticando, melhor serão seus resultados.

Quando há ausência de prioridade, não há tempo para determinados assuntos e tarefas. No momento em que você der mais importância para determinados temas e perceber quanto eles poderão mudar sua vida, você dará mais prioridade a eles e consequentemente encontrará mais tempo em seu dia a dia para executá-los.

O telefone ajuda ou atrapalha na questão tempo? Depende de como e quanto ele é utilizado. O telefone é uma ferramenta excelente para vender, pois vence barreiras como tempo e distância e permite selecionar seus *prospects* (clientes potenciais).

Porém, quando o telefone for utilizado para motivos pessoais durante seu período de trabalho, poderá afetar sua concentração e diminuir o foco em suas atividades.

Imagine que o tempo em que você está falando com amigos, filhos, marido, esposa e outros, está deixando de vender ou realizar tarefas para vender. E esses minutinhos repercutirão no fim do mês.

> “Todas as pessoas têm diariamente as mesmas 24 horas.”

Às vezes, uma venda perdida pode repercutir no alcance de suas metas no fim do mês, fato que atingirá negativamente sua comissão.

Além disso, cada vez que você se desconcentra com assuntos diversos ao telefone, usará mais alguns minutos para retomar a tarefa que estava fazendo antes.

Se fizer quatro ligações particulares de sete minutos por dia, por exemplo, no fim da semana terá perdido quase duas horas e meia de trabalho – ou mais que isso, uma vez que o tempo que demora para você voltar a focar no trabalho também conta.

Então, pense: vale a pena continuar batendo papo desnecessário dentro de seu horário de trabalho?

É claro que você não faz isso, mas falar ao telefone celular durante o atendimento de um cliente é falta gravíssima. Ninguém gosta que um vendedor faça isso em um momento de compra.

Caso você precise realmente falar ao celular durante aquele atendimento, a técnica é a seguinte: diga ao cliente logo no início do atendimento que provavelmente receberá uma breve ligação nos próximos momentos. Evite dizer que receberá uma ligação de outro cliente, pois ele vai pensar ou dizer: “Mas, e eu… Não sou cliente também?”.

Não se esqueça nunca do que ensina a sabedoria popular, para tudo na vida: “aquilo que é combinado no início, não gera problemas depois”. Também podemos dizer essa frase de outra forma: “O que é combinado não sai caro”.

A internet e as redes sociais podem ser gananciosos ladrões de tempo. Não estamos dizendo com isso que esses meios não são importantes. As redes sociais são indiscutivelmente um novo meio de comunicação que deve ser usado a favor de suas vendas. Porém, assim como o celular, em que você pode falar com pessoas sobre assuntos triviais ou para fechar novas vendas, as redes sociais funcionam da mesma forma. Pode-se usá-las para assuntos particulares ou profissionais.

Use a internet e as redes sociais para manter contato com clientes, ampliar relacionamentos e divulgar seus produtos e serviços, além de pesquisar a concorrência e manter-se informado. Contudo, fique muito atento para a dispersão, pois poderá perder seu foco com facilidade e consequentemente perderá tempo, o que afetará seus resultados no fim do mês.

Como resolver a dispersão? Simples. Determine horários para utilizar a internet e as redes sociais com assuntos particulares. Fora desses horários, use esse recurso de forma profissional, ou seja, somente o necessário e com muita objetividade.

Baixa autoestima

O primeiro passo para melhorar de vida é parar de reclamar da atual e, a partir dela, construir outra, mais próxima do que deseja.

Aceite-se como você é e faça sua parte para mudar o que deseja. Goste de você, pois afinal, você é seu principal aliado e sua mente e seu corpo são a casa onde morará por toda a sua vida. Cuide bem de si mesmo.

O segundo passo é não dar ouvidos às pessoas que não param de reclamar de tudo ao redor. Tais reclamações contagiam negativamente e são como pragas que atacam a produtividade e reduzem os resultados.

Até a forma de se vestir e sua aparência poderão afetar sua autoestima. Alguma vez você foi a um evento com a roupa errada? Homens: era para ir de terno e você foi de jeans e tênis. Mulheres: era para ir de vestido longo e você foi de saia. Se não passou por isso, pergunte para outras pessoas que já passaram por tal situação. O sentimento é muito desconfortante, pois a pessoa sente-se, popularmente falando, "um peixe fora d'água". Sua autoestima naquele momento pode ficar muito comprometida.

No dia a dia das vendas, para manter sua autoestima elevada, esteja rigorosamente bem vestido, sempre adequado para o momento e a ocasião.

Certa vez, um colega vendedor disse: "Nos dias em que tenho cliente importante eu me visto com roupas melhores, faço a barba e passo perfume...".

Certo! Mas por que não fazer isso todos os dias? Afinal, não tem como você saber quando e onde encontrará um cliente importante. E, cá entre nós, a verdade é que todos os clientes devem ser tratados como importantes, porque é isso que eles são para o vendedor.

Para manter sua autoestima em alta, procure sempre se sentir bem consigo mesmo, tenha pensamentos e conversas positivas, assista a filmes e programas agradáveis, escute músicas animadas, pegue sol, veja o lado bom da vida e curta tudo que o mundo lhe oferece. Principalmente, sorria!

Falta de dinheiro

A falta de dinheiro não é só um problema. É também um grande motivo para você trabalhar mais concentrado, mais focado, aprimorar suas técnicas.

É muito complicado não ter dinheiro para a gasolina ou a passagem de ônibus. É muito real a dificuldade para raciocinar bem e ser criativo com contas atrasadas nas gavetas.

Por isso, você precisa e merece ganhar mais.

Grandes lições podem ser tiradas do filme *À procura da felicidade* com o ator Will Smith, em que um pai faz de tudo, até mesmo dormir na rua, para sustentar seu filho e, o mais impressionante, trata-se de uma obra baseada em fatos reais.

Em uma das passagens do filme, fica a grande lição: "Se você tem um sonho, tem que correr atrás dele. As pessoas não conseguem vencer e dizem que você também não vai vencer. Se você quer uma coisa, corra atrás e ponto".

Tenha ânimo. Em breve, você terá mais dinheiro e comissões mais altas todo mês. Quando isso acontecer, comece a ajudar alguém que venha de onde você veio.

Não se esqueça de que quem recebe boa parte de sua remuneração em comissões necessariamente deve fazer uma reserva financeira para os meses de baixa nas vendas, que com certeza virão.

Evite adaptar seu orçamento pessoal às comissões mais altas, pois elas sempre oscilarão. Seu orçamento deve enquadrar-se na média de comissões mensais mais baixas ou em seu salário.

Falta de motivação

Aprenda como se motivar com as dicas contidas neste livro, pois a motivação é a base, é o ponto inicial para você realizar qualquer projeto.

A motivação é o combustível do motor que o conduzirá a seus sonhos. Sem combustível o motor para e você não chega a seus sonhos. Simples assim.

Agora, você sabe de onde vem esse combustível? De reuniões, com supervisores empurrando você dizendo que precisa vender mais? De palestras e livros motivacionais? De prêmios e comissões? Não!

A motivação virá de dentro de você, a partir de seus pensamentos.

Quando você vai a uma palestra com um excelente profissional, carregado de experiências, ideias e dicas, sempre estará a seu lado aquele colega que dirá algo como: "Isso aí que o palestrante está falando, aqui não funciona". Ou quando você mostra um livro sobre vendas, essa pessoa dirá: "Vai perder seu tempo com isso aí? Isso não presta!".

Quando situações semelhantes a essas acontecerem, você tem duas opções:

- Aceitar a influência de uma pessoa com pouca visão, mente fechada, negativa e talvez até invejosa.

- Acreditar no palestrante e no livro, que por menos qualidade que apresentem, ainda assim são pontos de vista de pessoas que estão compartilhando suas visões, experiências e técnicas.

Mas palestras e livros são apenas exemplos de fatores de motivação. Para muitos, filhos são a principal motivação, inclusive, da vida.

Seja lá de onde vem sua principal fonte de motivação, o importante é compreender que a única pessoa capaz de motivá-lo é você mesmo. O que foi dito anteriormente são apenas estímulos. Você poderá aceitá-los ou não. A partir do momento em que você aceitar os estímulos externos para motivá-lo, só então eles terão efeito.

Medo ou receio de não vender

Responda a uma pergunta: o medo de não ter sucesso já fez com que você aumentasse suas vendas ou conquistasse seus sonhos? Ele ajudou você em algum momento? Não, certo? Mas já atrapalhou, com certeza, quando o imobilizou diante de algo.

O medo atrapalha mesmo e, por isso, temos de eliminá-lo. Renato Russo cantou que muitas vezes lidamos com monstros de nossa própria criação, e que podemos passar noites inteiras acordados apenas por causa do medo da escuridão. Não se deixe levar por tais fantasmas. Seja senhor de suas próprias emoções.

Há várias formas de se lidar com o medo. Não se preocupe com ele, tire a preocupação de foco, "contra-ataque" com imagens e mensagens positivas.

O cérebro é capaz de controlar sua atenção sobre um ou outro ponto. Utilize essa capacidade para não prestar atenção no medo. Elimine-o por conta de sua inutilidade. Pense no seguinte: se um problema tem solução,

> "A motivação virá de dentro de você."

não se preocupe; se não tem solução, para que se preocupar? Dizem que 80% das coisas com as quais nos preocupamos não acontecem.

Além do mais, o verdadeiro medo deveria vir de ameaças como um temporal, um animal feroz, um assaltante, e não da possibilidade de não conseguir fazer ou conquistar algo. Pois, qual ameaça que um *prospect* pode apresentar a um vendedor, que não seja a possibilidade de continuar não sendo um novo cliente?

Na realidade, no mundo das vendas, o que as pessoas chamam de medo é a falta de conhecimento e experiência, o que causa um sentimento de insegurança.

Portanto, 90% de seu possível medo é insegurança. E isso se combate com mais conhecimento, treino, treino e mais treino.

Ansiedade

Ansiedade, ânsia ou nervosismo é uma característica biológica do ser humano, que antecede momentos de perigo real ou imaginário, marcada por sensações corporais desagradáveis, tais como uma sensação de vazio no estômago, coração batendo rápido, medo intenso, aperto no tórax, transpiração etc.

É uma variação do medo ou uma consequência da pressa em ter sucesso. Se for fruto do medo, veja o item anterior, em que falamos sobre o medo. Se for fruto da pressa, saiba que ela só prejudicará seu desempenho. Não adianta apressar as coisas. Tudo tem seu tempo, nenhum cliente decidirá a compra de algum produto ou serviço porque você o apressou ou pressionou. Pelo contrário, tais ações poderão fazê-lo desistir da compra.

Ansiedade é um estado emocional que se adquire como consequência de algum ato. E que atos podem ser estes?

Com relação a vendas, alguns como: clientes indecisos; negociações envolvendo boas comissões; situações de risco de perda de venda; preocupações exageradas; proximidade do fim do mês sem alcance de meta; possibilidade de promoção, entre outros.

Uma pequena dose de ansiedade pode ser interessante para servir de aditivo no combustível da motivação. Agora se sua ansiedade for maior, se atrapalhá-lo e incomodá-lo, procure identificar quais as razões de ela assim ser e comece a neutralizar essas causas.

Não esqueça que todos os motivos de ansiedade citados anteriormente fazem parte da rotina do profissional de vendas. Analise mais detalhadamente, olhe para trás e perceba que muitas coisas vêm se repetindo há anos, ou seja, provavelmente continuarão acontecendo. Então você tem que aprender a lidar com elas.

A ansiedade costuma perder força quando você tem um bom planejamento, uma boa estratégia de negociação e foca seus objetivos. Cuide disso e verá que a ansiedade não vai mais atrapalhar você.

Nervosismo

Este inimigo, constantemente citado, é membro da mesma quadrilha em que atua o medo, a ansiedade e o desespero. Assim como os anteriores, deve ser ignorado ou sublimado, pois de nada serve senão para prejudicar.

O nervosismo e o desespero acontecem quando o vendedor equivocadamente se impõe o dever de vender para 100% dos clientes atendidos. Isso é algo impossível no mercado altamente competitivo em que vivemos.

Lembre-se de que o cliente tem o direito de escolha e que o "não" dele você já tem. Por isso, vá atrás do "sim". Caso receba o "não", tudo bem, você já sabia que existia essa possibilidade. Se utilizou todas as técnicas para buscar o "sim", e mesmo assim não funcionou, então faça uma breve análise de seu atendimento e o que faria diferente se pudesse atender esse mesmo cliente em uma nova oportunidade.

> "Uma pequena dose de ansiedade pode ser interessante."

Os desafios que são difíceis de ser vencidos, como o nervosismo, a pressa e a impaciência, serão mais difíceis ainda. Trabalhe com calma para alcançar aos poucos o resultado pretendido.

Em Goiânia, no início de um curso de Técnicas de Vendas, uma ex-aluna de um curso do ano anterior disse: "Neste ano aprendi que o cliente 'não morde' e isso me fez aumentar minha segurança, diminuir meus medos e consequentemente meu nervosismo".

Já imaginou o que muda na vida de um vendedor quando ele perde o medo do cliente?

Preocupação com os concorrentes

O que seria do mocinho se não existisse o vilão?

Não que seu concorrente seja um vilão nessa história, mas apenas queremos que você pense que a concorrência torna o negócio de vendas muito mais interessante. Os concorrentes fazem com que nos dediquemos mais e estejamos mais atentos e preparados.

Aprenda a respeitar e conhecer seus concorrentes. Não fale mal deles para seus clientes, fale bem da empresa que você trabalha, seus produtos e serviços.

Lembre-se de que você tem que, primeiro, competir com você mesmo, não com os outros. Preocupe-se com as coisas sobre as quais você tem controle.

Comparações

Esta é uma das atitudes mais tolas que alguém pode ter. Essa atitude gera ansiedade, orgulho, arrogância, inveja, rancor, complexos, ou seja, uma gama enorme de fatores extremamente negativos que atrapalharão sua venda.

Não há pessoas ou situações iguais. Por isso, é tolice nos compararmos com outra pessoa, cujos conhecimentos, vida, alimentação, oportunidades, inteligência, traumas, alegrias e experiências são distintos dos nossos.

Quem costuma fazer comparações com outras pessoas poderá ter duas sensações:

- Sentir-se inferior, esquecendo-se de que o esforço próprio pode compensar qualquer desvantagem.
- Sentir-se superior, esquecendo-se de que esse sentimento poderá gerar comportamentos de tranquilidade inadequada e estagnação. Não esqueça que seu sucesso no passado poderá não garantir seu futuro.

Cuide para não ser influenciado por colegas de trabalho que são muito comunicativos e articulados, falam muito, impressionam e às vezes até assustam, pois parece que não vão sobrar clientes para você vender.

Eles podem estar errando com convicção. E você, se estiver se comparando com esses tipos poderá sentir-se inferiorizado e achar que está trabalhando errado, quando no fundo o errado é seu colega.

Acredite em você. Vença a si mesmo. Este é o desafio.

As comparações só serão úteis quando forem escolhidos estrategicamente pessoas, situações e resultados positivos, com o objetivo de serem elementos motivadores.

Vontade de desistir

Quem nunca teve vontade de desistir de alguma coisa? Talvez você até possa ter desistido de algo, ou mesmo tenha pensado em parar de vender...

Desistir é, em um primeiro momento, mais fácil do que persistir. Isso acontece porque para se desistir basta um instante, uma única manifestação de vontade.

> "Acredite em você. Vença a si mesmo. Este é o desafio."

Não desistir é aparentemente mais difícil pois depende de constância de propósito, de uma constante renovação de motivação, ideais, vontade.

Imagine um corretor de imóveis, por exemplo, que pode passar meses sem vender nada. Dependendo do que você vende ou venderá, será necessária muita persistência.

Acredite, o sentimento de desistir não é nada confortável e ficará em sua memória por muito tempo, e a seguinte pergunta não se apagará: "o que teria acontecido se eu não tivesse desistido?".

Contudo, a longo prazo, quem não desiste chega ao destino cedo ou tarde. Quem desiste, passa a vida com a dúvida e a frustração de não ter continuado, ou com a incerteza do "e se".

Atribui-se a William Wallace, o herói da Independência da Escócia, um discurso em que convenceu camponeses a enfrentar o poderoso exército inglês. Ele disse que os camponeses poderiam voltar para suas casas e viver tranquilamente anos e anos, como servos, mas vivos. Mas disse que depois de dez, vinte ou trinta anos, no momento de sua morte, cada um deles daria todo o resto da própria vida para voltar no tempo e ter de novo a oportunidade de lutar pela própria liberdade. Os camponeses lutaram e venceram.

Agora é a sua vez.

Preocupação com a diversidade de clientes

O palestrante Paulo Storani (que serviu de inspiração e foi consultor dos filmes *Tropa de Elite I* e *II*) nos ensina que se você estiver preparado para o pior, todo o resto será fácil.

Trazendo para o nosso mundo, se você tiver a consciência de que um cliente é igual ao outro e estiver preparado para atender a grande variedade deles, não terá preocupação com os diferentes tipos de clientes.

Não tenha preferências, esteja preparado para atender clientes "ursinho de pelúcia", mas também para atender clientes "pitbull".

Uma das melhores formas de aumentar seu desempenho é conhecer bem sua situação interna e externa.

Algumas fortalezas

Muitas qualidades e comportamentos podem se tornar fortalezas para que você viva melhor e venda mais. Como já dissemos, cada uma dessas fraquezas que listamos anteriormente pode ser transformada em fortaleza em sua profissão de vendas. Todas as questões anteriores, quando enfrentadas e neutralizadas, podem tornar-se seus pontos fortes. Tudo dependerá da forma com que você as encarar. Some a elas algumas outras fortalezas que já podem ser naturais em seu modo de ser e seus resultados se multiplicarão. Eis aqui algumas dessas fortalezas que você pode cultivar.

Boa vontade

É algo que o cliente valoriza muito. Boa vontade em sua vida é meio caminho andado para qualquer coisa que quiser. As coisas se tornam mais fáceis quando fazemos com boa vontade, parece até que o tempo passa mais rápido e cansamos menos.

Entusiasmo

O entusiasmo é uma das qualidades mais bem pagas do mundo, provavelmente porque é das mais raras; ainda assim, é uma das mais contagiosas.

Uma pessoa entusiasmada está disposta a enfrentar dificuldades e desafios, não se deixando abater e transmitindo confiança aos demais ao redor. O entusiasmo pode, portanto, ser considerado um estado de espírito otimista e uma excelente fortaleza.

> "O entusiasmo é uma das qualidades mais bem pagas do mundo."

Se você se entusiasma, é muito provável que a pessoa que o ouve também se entusiasme.

Se você trabalhar com entusiasmo, contagiará seus clientes. É como se você colocasse uma música bem animada para seu cliente ouvir, dificilmente ele não mudaria seu estado de espírito.

Alguns começariam a acompanhar o ritmo batendo discretamente o pé e outros até começariam a balançar o corpo.

Entusiasmo é como o calor do sol que esquenta sua pele ou como a luz da lua que dá vida à escuridão da noite. Sendo assim, o entusiasmo e a alegria são pontos fortes que merecem muito sua atenção. Entusiasmo gera mais vendas e fideliza clientes.

Alegria

A apreciação do próprio sucesso, das etapas vencidas, do acréscimo paulatino e constante de conhecimentos é um excelente instrumento para melhorar a qualidade da venda e diminuir a tensão e o estresse.

A alegria, assim como o entusiasmo, é um estado de espírito que contagia positivamente.

Ninguém gosta de estar com pessoas tristes ou mal-humoradas, parece que o tempo não passa, não é uma experiência agradável.

Então, agora mesmo faça o seguinte exercício na frente do espelho. Esta é uma lição que Jô Soares ensinou anos atrás em seu programa de TV. Mas tem que fazer na frente do espelho, certo?

Sorria, dizendo: "Ah! Ah! Ah!".

Repita o "Ah! Ah! Ah!" três vezes.

Na terceira vez, talvez você ache a cena tão ridícula que acabará soltando uma gargalhada espontânea e até agradável.

Um sorriso abre portas, aproxima pessoas, diminui diferenças e adoça as palavras.

A Siamar (empresa que vende recursos para treinamentos, principalmente filmes) vende ou aluga um filme chamado *Peixe!*®. Ele narra a história de uma peixaria, onde a energia, o entusiasmo e a alegria são tão contagiantes que as pessoas passam por lá nem que seja apenas para assistirem à agitação e absorverem aquela energia.

Anos atrás, a monotonia de horários extensos, peixes fétidos e câmaras frigoríficas no mercado de peixe de Pike Place (Seattle, Estados Unidos) se refletia na atitude dos trabalhadores locais e tudo era muito difícil de suportar. Porém, mudando a atitude com que iam trabalhar, os peixeiros de Pike Place criaram um ambiente totalmente diferente – e uma nova filosofia de trabalho.

Esse é um filme famoso, de dezesseis minutos, que vale muito o tempo e o dinheiro investido para vê-lo.

Resiliência

A resiliência é um conceito oriundo da física que se refere à capacidade de um material sofrer tensão e recuperar seu estado normal, quando suspenso o "estado de risco" ou tensão.

No entanto, Fernando Pretel Pereira Job, doutor em Administração de Empresas pela Fundação Getulio Vargas, estudou em 2003 a resiliência em organizações e argumenta que se trata de uma tomada de decisão quando alguém depara com um contexto entre a tensão do ambiente e a vontade de vencer. Essas decisões propiciam forças na pessoa para enfrentar a adversidade.

Assim entendido, pode-se considerar que a resiliência é uma combinação de fatores que propiciam ao ser humano condições para enfrentar e superar problemas e adversidades.

Atualmente a resiliência é utilizada no mundo dos negócios para caracterizar pessoas que têm a capacidade de retornar a seu equilíbrio emocional depois de sofrer grandes pressões ou estresse, ou seja, são dotadas de habilidades que lhes permitem lidar com problemas sob pressão ou estresse, mantendo o equilíbrio.

Significa a habilidade de persistir nos momentos difíceis mantendo a esperança e a saúde mental.

As pessoas resilientes tornam-se mais fortes depois de situações difíceis porque elas desenvolvem uma grande confiança em si mesmas aprendendo novas formas de lidar com as situações.

Quando nos lembramos de situações vivenciadas nas quais pensamos algo como "não vou conseguir" e conseguimos, percebemos o quanto somos capazes de fazer as coisas e superar dificuldades. Isso nos dá muita força para as próximas batalhas.

Vamos colocar em prática

Ao apontar suas fraquezas (pontos negativos) e as fortalezas (pontos positivos), você estará se municiando para se sair bem, para evoluir.

Então, agora, é hora de você parar de apenas ler este livro. É hora de agir.

Reflita, pense e anote.

Relacione quais são as qualidades que o ajudam e quais os defeitos que você precisa superar. Utilize o modelo a seguir:

Fortalezas – Suas qualidades	Fraquezas – Seus defeitos

Facilidades e dificuldades

Vamos pensar em termos das circunstâncias exteriores que interferem nos seus resultados. Não estamos mais falando de suas qualidades ou seus defeitos, mas de situações externas e dos momentos em que você se encontra.

Um bom planejamento para o aumento das vendas deve contar com a organização do tempo e com a identificação das facilidades e dificuldades, que, muitas vezes, podem ser modificadas para melhor.

Ainda que escrever as vantagens e desvantagens nem sempre possa modificar substancialmente nossa situação, serve para lidarmos de acordo com elas, partindo de seu conhecimento.

Ou seja, se você souber que amanhã há possibilidade de chuva, ao sair de casa levará um guarda-chuva. Isso significa dizer que não podemos mudar fatores externos, mas podemos nos adaptar a eles.

Se, em algum momento, as circunstâncias o ameaçarem com o fracasso, saiba que, enquanto se persiste tentando, não existe fracasso definitivo e que o único fracasso real é aquele do qual não retiramos lição alguma.

Se as facilidades são o ponto alto de seu atual momento, não desperdice isso. Se você tem mais dificuldades do que facilidades, tantas que dá vontade de desistir, saiba que é de pessoas que estão em sua situação que surgiram os melhores profissionais.

Veja alguns exemplos de facilidades e dificuldades externas que talvez estejam rondando sua vida hoje. Procure imaginar como elas afetam seus resultados em vendas, positiva ou negativamente:

Facilidades

- Sua área de atuação em vendas está em crescimento em sua região.

- Você mora próximo ao seu local de trabalho.
- A casa onde mora é própria ou você não precisa pagar aluguel.
- A empresa onde você trabalha oferece diversos benefícios aos funcionários. Você é dono da empresa e pode tomar a decisão que quiser.
- Você é dono da empresa e pode tomar a decisão que quiser.

Perceba como facilidades desse tipo, entre outras tantas que existem, podem favorecer sua predisposição para sair e vender muito mais, superando até mesmo suas melhores expectativas.

Dificuldades

- Você precisa cuidar de filhos ou parentes.
- Em sua região a oferta de empregos é baixa.
- Seus clientes potenciais estão em outras cidades e regiões.
- O trânsito é lento e dificulta a visitação de diversos clientes por dia.
- Problemas pessoais com família, saúde etc.

Todos nós temos problemas, uns mais graves, outros não. A primeira providência é definir se a gravidade é suficiente para não ir trabalhar, desistir de vender, não comparecer à reunião marcada ou não se dedicar para sua atividade de vendas.

Às vezes, a tempestade é tão forte, que se recomenda baixar as velas e esperar. Se for o caso, faça isso. Por outro lado, descubra se é possível administrar, conciliar tudo em paralelo aos problemas pessoais.

Na maior parte das vezes, os problemas diminuirão sua capacidade de esforço, mas sua força de vontade impedirá uma parada completa. Se parar de vender, certamente, seus problemas se agravarão. E temos certeza de que não é isso que você quer.

Vamos fazer um pequeno exercício, para que você possa avaliar o que o está auxiliando e o que o está atrapalhando em suas vendas. Lembre-se de que esses fatores podem estar diretamente ligados ao processo de vendas, como também podem ser externos a ele, mas afetar significativamente os resultados:

Facilidades

- Liste os fatores externos positivos que você tem em sua vida, ou que pretende adquirir, para ajudá-lo a vender mais e viver melhor.
- Pense em uma estratégia para potencializar ainda mais o uso desses fatores em sua profissão de vendas.

Fatores externos positivos, por área da vida	**Estratégia para potencializar os resultados**
Família:	
Amigos:	
Concorrência:	
Empresa:	
Mercado:	
Outros:	

Dificuldades

- Liste os fatores externos negativos que impedem ou atrapalham você de vender mais e viver melhor.
- Pense em estratégias e maneiras de resolver ou, pelo menos, aliviar essas dificuldades.

Fatores externos negativos, por área da vida	Estratégia para eliminar ou minimizar os efeitos negativos
Família:	
Amigos:	
Concorrência:	
Empresa:	
Mercado:	
Outros:	

Para atingir seus objetivos e metas

Mais importante do que definir em quanto tempo um grande objetivo deverá ser atingido é definir qual será esse objetivo.

É comum vermos pessoas trabalhando e gastando bem seus salários, tendo até um bom conforto, mas sem saber onde querem chegar, o que querem conquistar, sem ter um foco ou um objetivo principal definido. Esta é uma viagem com pouca chance de futuro promissor.

Também existem pessoas que traçam objetivos inatingíveis e, mais cedo ou mais tarde, se frustram. Viver assim é agir como um cachorro correndo atrás do rabo, que corre, corre, mas nunca alcança sua cauda.

Determinar prazos muito arrojados e difíceis aumenta a chance de o objetivo não ser atingido. Isso trará maior sensação de fracasso e incompetência, assim como o desinteresse em continuar trabalhando para alcançá-los. Por outro lado, prazos muito extensos também podem desmotivar, pois deixam de ser instigantes.

Sua vontade de vencer tem que ser suprema. Assim você poderá superar os desafios e conquistar suas vitórias. Como diz a máxima que permeia os esforços dos vencedores, o fracasso ficará para trás sempre que eu tiver mais força e vontade do que ele.

É preciso compreender que o fracasso é apenas uma situação, ou uma ocorrência de momento, ele nunca é a pessoa. Fracassar faz parte da luta, mas você precisa estar sempre disposto a retomar a luta após cada derrota.

Além do mais, um resultado negativo sequer pode ser considerado um fracasso, porque você ganha experiência com os erros. Thomas Edison disse: “Muitos dos fracassos da vida ocorreram com pessoas que não reconheceram o quanto elas estavam próximas do sucesso, e desistiram”.

Essas lições nos mostram que não devemos nunca simplesmente desistir no meio do caminho. Gaste quanto tempo precisar até decidir qual é seu objetivo.

Agora, é importante também detalhar o que significa o “viver melhor” para você, pois, com o passar dos anos, você vem evoluindo e muito provavelmente também já melhorou de vida. E seu conceito de viver melhor vem evoluindo com você.

Lembre-se de que as mudanças que valem a pena costumam ser lentas. Talvez não sejam seis ou doze meses que vão mudar por completo seu padrão de vida para melhor. Por isso, você deve ser persistente. Quando pensar em desistir, ou começar a achar que não está vendo resultados, olhe para trás, lembre-se de qual era sua situação profissional há três ou quatro anos. E veja quanto você já progrediu.

Vá mais longe: lembre-se de cinco ou seis anos atrás. Tenho certeza de que ao olhar anos para trás, você perceberá muitas mudanças positivas na vida.

O tempo de evolução varia de pessoa para pessoa. Mas sua hora com certeza chegará, se você persistir na busca por seus objetivos.

Agora, para tornar sua busca por sucesso mais palpável, sugiro que escreva alguns objetivos. Detalhe-os tanto quanto puder:

- Um objetivo para ser atingido em um mês (ex., aumentar em 30% as vendas em relação ao mês anterior):

  ....

- Um objetivo para ser atingido em um ano (ex., ser o campeão de vendas no ano):

  ....

- Um objetivo para atingir nos próximos três anos (ex., triplicar sua carteira de clientes e quadruplicar seu faturamento anual):

  ....

Trabalhar com metas

Algumas empresas ainda não trabalham com metas em vendas, mas é apenas uma questão de tempo para começarem a utilizá-las. A busca mensal pelo alcance de inúmeros tipos de metas faz parte da realidade e da rotina dos profissionais de vendas.

O volume de dinheiro mensal gerado em vendas é o tipo mais frequente de meta. Mas existem muitos outros tipos de metas em vendas, como o número de visitas realizadas, de telefonemas dados, de peças vendidas, de novos clientes, de orçamentos expedidos, de fechamentos de vendas, de clientes inativos recuperados, o valor do tíquete médio etc.

Para que você atinja seu objetivo maior em vendas, será necessário atingir suas metas mensais, semanais ou até diárias. Quando você deixa para começar a "correr" atrás das metas na última semana do mês, além de aumentar a possibilidade de não as atingir, também aumenta o nível de estresse e de nervosismo, fato que, além de prejudicar seus atendimentos, não contribuirá com o propósito principal que é o de viver melhor.

Muitos fatores poderão influenciar no alcance de metas, como o potencial de mercado, realidades regionais, sazonalidade, perfil de clientes, tipo de produtos, entre muitos outros. Isso nos sinaliza a relevância de estarmos atentos ao mercado e às condições externas que podem variar muito.

Tais assuntos poderão influenciar também nas metas e os resultados daqueles que trocam de empresa, mas permanecem com o mesmo tipo de produto. Ou seja, havendo mudança de empresa, ainda que o produto seja o mesmo ou semelhante, muitos outros fatores poderão afetar o alcance de metas.

Talvez no momento você tenha um superior "chato", ou seja o supervisor considerado "chato". Apenas entenda que ser chato porque cobra metas não é ser chato... Isso é ter foco no trabalho e nos resultados.

Pense: o que faz um técnico de vôlei quando vê seu time perder dois ou três pontos consecutivos? Solicita tempo para falar com seus jogadores, corrigir falhas e colocá-los no rumo correto. E cobrar tudo o que pode ser cobrado do time, é claro.

Nós sabemos que nem todos sabem cobrar o alcance de metas da melhor forma, mas entenda que atingir as metas é algo útil, desejado e também é ótimo para todos os envolvidos. Metas atingidas fazem você crescer, evoluir e se aproximar de seu objetivo maior de vida.

Portanto, tenha isso em mente: meta é algo que tem de ser realizado todos os dias. Sendo assim, procure sempre trabalhar para alguém que cobra, que exige, que queira que faça as coisas acontecerem. Desta maneira, você poderá realizar todo o seu potencial. E se não houver alguém lhe cobrando, cobre-se de si mesmo.

Imagine que suas metas mensais são como uma corda que jogaram para você se salvar e não cair em um penhasco. Ou seja, agarre-se nela com toda força e, palmo a palmo, dia a dia, vá subindo até chegar a um resultado seguro no fim do mês.

Persistência, prazos e resultados

O bambu chinês, depois de plantado, passa cinco anos sem crescer nada acima do solo. No sexto ano, chega à impressionante altura de 24 metros. Pela lógica humana, deveria crescer quatro metros por ano. Mas a natureza tem sua lógica e é sábia.

Da mesma forma, quem está batendo com um martelo em uma pedra pode dar vinte marteladas e não ver nenhum efeito. De repente, a 21ª martelada esmigalha a pedra. Qual foi a martelada que funcionou? A 21ª? Não! A resposta certa é “o conjunto das 21 marteladas”.

Há pessoas que desanimam achando que os resultados não estão aparecendo. Lembre-se: seu cérebro e sua aprendizagem funcionam pelas regras da natureza. Os resultados só aparecem depois de um tempo. É necessário ficar martelando, mesmo sem ver resultados, até que – aparentemente de repente – as coisas aconteçam.

Com certeza você deve lembrar-se de algumas fases de sua vida em que parecia que estava martelando sem resultados. Ficava pensando como evoluir, o que deveria fazer... Foram diversas tentativas sem êxito. Mas felizmente, com muito esforço e dedicação de sua parte, as coisas mudaram e começaram a acontecer, melhoraram e evoluíram.

É fundamental comemorar e vibrar com as conquistas

A persistência está intimamente ligada aos prazos determinados e resultados obtidos. Quanto mais persistente for uma pessoa, maior a possibilidade de ela atingir resultados desejados dentro dos prazos estabelecidos.

Alguns anos atrás, uma empresária de uma loja de baterias de automóveis recebeu um vendedor com produtos de uma marca que ela não vendia. Ela recebeu o rapaz, agradeceu e não comprou. Isso ocorreu mais três vezes. Na quinta visita, porém, quando ia dizendo que não compraria, ele disse: só passei para cumprimentá-la.

Na sexta visita, ele levou uns brindes para a empresária e seus funcionários. Na sétima visita, a empresária disse: tudo bem, qual é seu pedido mínimo? E ele respondeu: a senhora é quem manda. E ela encomendou dez unidades. Passados dois anos, a marca vendida por aquele vendedor representa 80% das vendas da loja de baterias.

Agora feche os olhos e se imagine realizando aquelas visitas – que ocorreram num período de cinco meses – e responda para você mesmo: em qual visita você teria desistido? Na terceira? Quarta? Quinta? Ou você teria ido até a sétima ou oitava?

A sorte e o azar

O azar acontece quando, por algum motivo externo, não efetivamos a venda ou não atingimos nossas metas por muito pouco.

Dois vendedores de anúncios para jornais conversavam quando o telefone tocou. Era o dono de uma revenda de automóveis que eles atendiam havia mais de dois anos. A má notícia era que a empresa havia encontrado um novo fornecedor e não faria mais negócios com eles.

Naquele momento, um dos dois disse: "Puxa, que azar!".

E o outro confirmou: "É mesmo. É muito azar".

Mas temos absoluta certeza de que não foi azar. Foi falta de planejamento e de atitude. Explicando: a revenda ficava em outra cidade. Como o atendimento era mais fácil por telefone e fax (não tinha internet naquela época), os vendedores nunca tinham visitado o cliente e desenvolvido um relacionamento com ele. E algum concorrente fez isso melhor do que eles.

Então, podemos dizer que azar é a soma de tudo aquilo que não foi planejado. Ou seja, quanto mais planejamento, inteligência, dedicação e organização, menor será a possibilidade de o azar bater em nossas portas.

Na venda, contar somente com o fator sorte para fechar um negócio, sem muito trabalho e dedicação prévios, é o mesmo que esperar o Papai Noel no domingo de Páscoa.

Sorte é o encontro da oportunidade com a preparação. Portanto, esteja preparado. E faça o que tem de ser feito.

Cuide da saúde

Imagine uma pessoa que estudou e trabalhou muito, por quase toda uma vida, sonhando com o dia da aposentadoria. Essa pessoa aproveitou muito os prazeres gastronômicos que a vida nos oferece e nunca fez algum tipo de atividade física. No dia do exame médico feito antes de o funcionário ser desligado da empresa, dias antes de iniciar sua aposentadoria, a pessoa descobriu que estava com diabetes e era hipertensa.

A partir daí, passou cinco anos lutando contra essas doenças, sendo internada diversas vezes, e teve dedos do pé amputados. Durante esses cinco anos, ela gastou tudo o que tinha conquistado até ali e antes de morrer já não enxergava mais.

Fica a pergunta: será que valeu a pena tanto trabalho, esforço e dedicação para conseguir se aposentar?

O raciocínio deveria ser o inverso: em vez de gastarmos todo nosso dinheiro que juntamos para consertar a saúde que perdemos, deveríamos estocar saúde para quando tivermos mais tempo poder usufruir tudo o que conquistamos.

A prova de velocidade fora de estrada mais difícil e famosa do mundo chama-se Rally Dakar (antiga Paris Dakar). São dias e dias atravessando desertos, rios e obstáculos complexos e difíceis. Mesmo utilizando carros completamente preparados para tais dificuldades, entre um dia e outro, enquanto o piloto dorme e descansa, sua equipe faz a manutenção e troca diversas peças para continuar a prova no próximo dia. Nenhum carro aguentaria uma prova dessas se não houvesse as manutenções corretivas e preventivas em cada parada. Não seria possível fazer a manutenção no fim da prova, pois o carro não aguentaria.

As pessoas que trabalham sem dar muita atenção à sua saúde estão querendo fazer toda a prova do rali da vida sem fazer a manutenção do corpo e da mente durante a prova.

Existe uma grande diferença entre não estar doente e ser saudável. Saúde é alegria de viver. É ter entusiasmo, energia, disposição e vitalidade. Saúde, como nos ensina Nuno Cobra – que foi preparador físico de Ayrton Senna por dez anos – é um processo de equilíbrio do organismo. São milhões de mecanismos interagindo e movimentando o interior do corpo para que tudo funcione adequadamente.

Atividade física

Reserve algum tempo para atividades físicas. Elas aumentam a disposição e predispõem o organismo e o cérebro para o aprendizado. A atividade física regrada e contínua também diminui a necessidade de sono, reduz aquelas dores nas costas, lhe traz mais ânimo e disposição além de aumentar a resistência para encarar seu dia a dia, que também exige preparo físico.

Esperar para começar a praticar exercícios por indicação médica nunca será a melhor opção.

O exercício físico oxigena o cérebro e combate males que prejudicam o funcionamento do organismo, tais como obesidade, pressão alta. Além disso, o exercício físico libera no cérebro um neurotransmissor que funciona como antidepressivo e relaxante natural, a betaendorfina.

O sedentarismo, ou seja, a falta de exercícios físicos é um péssimo parceiro para quem quer viver melhor.

Um dos melhores exercícios físicos é a caminhada. Entre as vantagens está o fato de ser bastante segura e evitar riscos de lesões, poder ser praticada por obesos, diabéticos, cardíacos e idosos, dispensar equipamentos e poder ser feita só ou em grupos. O uso de um aparelho MP3 player, ou celular, permite que se faça o exercício e se ouçam músicas ou audiobooks, ao mesmo tempo.

Os cuidados são o uso de roupas leves e arejadas e de um calçado adequado. O tempo de caminhada deve ser de pelo menos trinta minutos por vez e o passo deve ser um pouco rápido. O ideal é pelo menos caminhar uma hora por dia, três vezes por semana, fazendo alongamento após a caminhada.

Passe a utilizar as escadas para descer dois andares ou subir um. Ande mais a pé.

Ainda melhor do que caminhar ouvindo um audiobook é fazê-lo em companhia de seu cônjuge, pai, filho ou outra pessoa próxima. Além dos dois melhorarem o condicionamento físico, é uma excelente oportunidade para colocar a conversa em dia e melhorar os relacionamentos.

Sempre faça uma consulta médica antes de iniciar um programa de exercícios e regularmente faça um *checkup*. A orientação de um professor de educação física é sempre uma boa ideia.

Faça exercícios respeitando seu corpo e seus limites, evitando estiramentos ou contusões, que não ajudarão em nada. Por outro lado, quando quer parar por preguiça, falta de disposição ou por lhe apertar a sede ou o cansaço, defina se é seu corpo que manda em você ou você que manda nele.

Normalmente, aqueles que não praticam nenhuma atividade física, quando iniciarem, sentirão uma enorme vontade de desistir, tanto no momento da atividade física quanto na programação para outros dias. Resista a todas as tentações, que poderão permanecer por meses, mas após seu corpo acostumar-se com as atividades, você sentirá falta delas. Esta é a melhor parte, você perceberá que seu corpo pedirá as atividades físicas. Nesse caso obedeça-o. Afinal, você só tem um corpo e é nele que você precisa viver. Então, faça tudo para viver bem.

Alimentação

Experimente adquirir um BMW, um Audi ou uma Mercedes-Benz e não pôr neles combustível ou, em vez disso, colocar refrigerante no tanque. Isso é o que muitos fazem com o próprio organismo, negando-lhe uma alimentação adequada.

A alimentação balanceada é indispensável para fornecer ao corpo e ao cérebro as substâncias de que eles precisam para fazer a "máquina" funcionar bem.

Certa vez, quando o assunto entre amigos era alimentação, um rapaz de 28 anos disse: "Até os quarenta anos eu vou aproveitar bastante, comer de tudo que tenho vontade. Depois começarei a cuidar da alimentação".

Que falta de visão e inteligência, você não acha? Isso é o mesmo que uma pessoa comprar um carro zero e falar: "Vou usar esse carro de qualquer jeito, e só vou começar a cuidar daqui a doze anos ou após rodar uns 80 mil quilômetros". Só que já será tarde, pois o carro a essa altura estará estragado.

Se essa pessoa começar a cuidar do carro desde novo, obviamente ele durará muito mais tempo, sem apresentar problemas de manutenção. Com nossa saúde é a mesma coisa. A ideia é prevenir.

Com a natureza não se brinca. Excesso de vitaminas é tão ruim como a falta delas e não se pode ficar dependente física ou psiquicamente de medicamentos, muitos dos quais têm contraindicações e efeitos colaterais.

Medicamentos, principalmente alopáticos, só devem ser tomados mediante acompanhamento médico.

Mantenha seu fornecimento de substâncias por meio de alimentos naturais e combata o estresse com atividade física.

Evite qualquer excesso, principalmente o de comidas gordurosas e frituras.

Para ter uma dieta balanceada ou qualquer complementação vitamínica, consulte um especialista.

Faça uma boa alimentação:

Massas

Elas são necessárias, pois fornecem carboidratos, mas não use isso como desculpa para “arrebentar” com sua dieta. O essencial é o equilíbrio e não eliminar grupos alimentares ou se limitar a algum deles.

Ovos

Cuidado com o colesterol. Evite o consumo exagerado.

Dietas

Se você está fazendo uma dieta que elimina completamente algum dos grupos de alimentos, mude de dieta. O eventual consumo de alimentos ricos em calorias deverá ser compensado com exercícios físicos. A combinação fará muito bem.

Água

A água é indispensável para o bom funcionamento do organismo e para evitar diversos males à saúde. Também é ótima para quem quer emagrecer. Beba pelo menos dois litros por dia.

Quantidade de comida

Evite aquelas refeições enormes que dão a sensação de que a barriga vai explodir, dão sono e azia. Faça refeições menores em quantidade, maiores em qualidade e mais frequentes – o ideal é se alimentar de três em três horas, sendo, nos intervalos, ingerida uma fruta ou algum cereal de baixa caloria. Não se abarrote de comida. Afinal, você não vive para comer, mas come para viver.

Valorize o sono

A agitação e os compromissos da vida moderna fazem com que acabemos diminuindo as horas de sono para trabalhar mais. Muitas vezes isso é reflexo de má organização, gerando mais horas de trabalho. Talvez o próprio fato de dormir pouco também possa gerar baixo rendimento no trabalho.

Uma boa noite de sono é um elemento importante para pessoas em qualquer atividade profissional. Cada um tem uma necessidade específica de quantidade de sono ideal, mas é senso comum que em média deveríamos dormir em torno de oito horas por dia. Algumas pessoas podem dormir cinco ou seis horas e se sentirem bem, porém não podem esquecer que estarão forçando o organismo a aguentar aquele dia, abrindo mão de elementos estimulantes que são carregados para a corrente sanguínea durante o sono.

O organismo é como uma conta bancária em um banco, você pode entrar no negativo algumas vezes, mas não pode ficar no negativo o tempo todo. E se fizer isso, seu organismo cobrará muitos juros e o envelhecimento será acelerado.

Esporadicamente, dormir pouco por motivos realmente relevantes até seria tolerável. Mas conhecemos pessoas que dormem pouco por ficarem muitas horas em frente de uma televisão e de um computador. Assistir TV é um tipo de lazer, mas quando se troca algo fundamental para a saúde por um lazer, as prioridades não estão sendo determinadas corretamente. Isso mesmo, a definição de prioridade ou quantidade de importância para determinados assuntos também pode contribuir para que você seja mais saudável ou não.

Certamente você ouviu uma pessoa que fumava duas carteiras de cigarro por dia dizer algo como: “Todo mundo vai morrer mesmo, fumar um pouco menos não fará diferença”. Muitos ainda acreditam naquele velho pensamento: “essas coisas só acontecem com os outros”.

Para que realmente essas coisas só aconteçam com os outros e não com você, e para que você possa aumentar suas vendas e viver melhor, reveja suas prioridades em relação à saúde.

Enfermidades

A maior parte dos problemas de saúde, seus ou de seus entes queridos, deve ser bem administrada para que você consiga estar concentrado em vender bem, apesar deles. Mas algumas vezes você precisará dar uma parada total. Alguns casos de doenças graves, com internação hospitalar, por exemplo, podem demandar isso. Nesses casos, não desanime: resolva a situação emergencial e depois volte ao trabalho forte. Resolva o que está tirando seu foco principal, para não ter a mente em duas coisas ao mesmo tempo.

Coloque sua saúde em primeiro lugar nas suas prioridades de cuidados pessoais. Cuidar dela evitará eventuais enfermidades e lhe dará mais energia para os desafios do dia a dia. Afinal, consideremos: como trabalhar bem sem ser saudável?

Faça uma pequena reflexão sobre como você está cuidando da saúde, respondendo às seguintes perguntas:

- Como você está se alimentando? Come frutas e legumes?
- Bebidas alcoólicas e refrigerantes: você os consome moderadamente?
- E o sedentarismo? Pratica algum esporte, academia, ou caminha com frequência?
- Se for fumante, quando vai começar o tratamento para parar de fumar?
- E os exames de rotina como colesterol, glicose etc.? E o dentista?

Normalmente só damos o real valor à saúde quando acontece algo grave conosco ou com alguma pessoa próxima. Provavelmente você conhece alguma história de alguém que teve um acidente vascular cerebral (AVC) e que mudou radicalmente sua vida, passou a dar valor para as mínimas coisas, mudou sua alimentação, passou a fazer atividade física e parou de fumar, entre outras mudanças positivas, pois essa pessoa viu a morte de muito perto.

Mas aqui fica uma pergunta: será que é preciso chegar a esse ponto para dar mais atenção à saúde?

Segundo pilar: Relacionamentos

Vivemos em sociedade, e todas nossas ações acabam dependendo, direta ou indiretamente, de nos relacionarmos uns com os outros. Na profissão de vendas, em especial, o domínio de técnicas e atitudes que promovem os bons relacionamentos é fundamental.

A força de seus aliados

Se o assunto é "aliados", então você precisa saber: existe todo um planeta para ajudá-lo. Você está lendo este livro, então você é alfabetizado e isso é um enorme passo a seu favor! Quase todo o conhecimento humano está escrito. Você, por saber ler, já pode se considerar com sorte de ter acesso à grande maioria do que é sabido pela humanidade.

Indo além: você tem livros, catálogos, professores, amigos, internet, bibliotecas etc. Você os está aproveitando? Esperamos que sim. Existem cursos técnicos excelentes em instituições como Senac, Sebrae, Câmara de Dirigentes Lojistas (CDL) com preços subsidiados. Aproveitá-los é uma forma de tornar todo o planeta seu aliado.

Não conhecemos pessoas esforçadas que não conseguissem apoio de alguma forma. Crie suas próprias oportunidades e persiga suas chances.

Antes de lutar no mundo das vendas, é preciso aprender a conhecer a si próprio e a dominar sua capacidade de crescimento cognitivo. Além disso, é valioso aproveitar todos os aliados disponíveis para vencer as dificuldades diárias deste mundo.

Diferentemente do que às vezes possa parecer, o vendedor não vai enfrentar sozinho o mundo das vendas. Ele leva consigo crenças, lembranças, família, amigos, inimigos, experiências, traumas etc.

Ninguém perde nem vence sozinho. Saber disso é, aliás, muito útil para se manter humilde após as vitórias. E levantar as energias depois das derrotas.

Alguém pode querer ter muito sucesso em vendas sem qualquer ajuda, o que além de ser muito difícil fará com que a pessoa não tenha com quem dividir ou comemorar as vitórias.

Além de distinguir quem são nossos aliados, devemos examinar quem, de certa forma, pode funcionar como um "inimigo". Um chefe insensível ao natural desejo de progresso do ser humano, e que não faça qualquer concessão, pode ser classificado como um problema ou mesmo "inimigo". A solução é se adaptar de forma que o prejuízo causado pela falta de apoio seja o menor possível.

Isso pode acontecer também com um cônjuge, parentes, amigos etc., pois sua dedicação às vendas deverá ser grande e talvez tenha que viajar muito e trabalhar em horários diferenciados e estendidos.

Outro cuidado é não se aproveitar do sucesso, talvez uma excelente venda ou superação de metas, e jogar isso na cara do patrão, dos pais ou de qualquer outra pessoa, o que resultaria em motivação negativa, o que prejudica o aprendizado. Não é necessário verbalizar suas conquistas, as pessoas naturalmente saberão a respeito delas.

O dia a dia da venda nem sempre é fácil e agradável. A competição será cada vez maior. Novos produtos, novos serviços, novos meios e métodos aparecem a todo momento e, por isso, identificar seus aliados e suas fontes de motivação é fundamental para estar sempre preparado. Assim você não permitirá que um simples "não" de um cliente o faça pensar em desistir.

Aliás, o "não" todos nós já temos. Então, por que ficar tão decepcionado ao receber uma negativa do cliente? Esta é uma das opções de quem compra: a de não comprar de você.

Você

Ter seguido os passos anteriores, como estabelecer o objetivo, ter convicção de que pode alcançá-lo, organizar os fatores positivos e negativos, além de não querer resultados milagrosos e imediatos, demonstra que você já está trabalhando como seu primeiro aliado. Porém, se não fizer nada disso, você estará sendo seu pior inimigo.

Você pode ser seu grande aliado ou o pior inimigo de si mesmo. Muitos profissionais de vendas começam a matar suas vendas com seus próprios pensamentos.

> "É preciso aprender a conhecer a si próprio e a dominar sua capacidade de crescimento cogninitivo."

Não há estímulo algum – livros, palestra, cursos, premiações – que faça você querer e conseguir algo, a menos que diga para si mesmo: eu quero, eu posso.

Só você será capaz de inverter o uso de suas falhas e defeitos para melhorar seus resultados, só você poderá esforçar-se para aperfeiçoar suas habilidades, sua capacidade de comunicação verbal e de conhecimento dos produtos e serviços que vende ou que venderá.

Para você se conhecer, ter autocontrole, será preciso disciplina, vontade e, principalmente, uma observação constante de si próprio. Avalie-se continuamente e observe seus progressos.

Saiba, de antemão, que todos têm sua própria personalidade, qualidades, defeitos, potencialidades e limites. Não queira resultados imediatos iguais aos de seus colegas que trabalham na área há muitos anos a mais que você.

Sua individualidade, que o torna alguém especial e único, deve ser respeitada. Algumas pessoas são capazes de trabalhar dezesseis horas por dia, outras não; uns conseguem eliminar – por algum tempo – todo seu lazer sem se prejudicar, outros não; uns começam a vender muito bem logo nos primeiros meses, a maioria não.

Por tudo isso, é importante que você conheça a si mesmo, ame-se e respeite suas peculiaridades. Fique atento ao risco de querer utilizar seus "limites" como desculpas para não se dedicar ao trabalho na busca de metas.

Quando falamos que somos nosso primeiro aliado, em momento algum estamos concordando com a ideia, equivocada e cada vez mais em voga, de que o homem basta a si mesmo, de que ele não precisa de nada além de desenvolver seu próprio poder e sua inteligência. Relacionamentos e parcerias de qualidade são sempre bem-vindos.

Cuidar do equilíbrio emocional, da paz interior e da saúde será também muito útil para sua felicidade e para aumentar seu sucesso em atividades profissionais e pessoais.

Deus

Existe uma equivocada noção de incompatibilidade entre o culto à divindade e o conhecimento científico. Esse desacerto afasta algumas pessoas de Deus. Outro engano é supor que o tempo utilizado para o convívio com a divindade é desperdiçado.

Não sei qual é sua religião, mas podemos dizer que é bom ter uma e investir na sua própria fé. Não pense que a fé tem alguma relação com a crença cega ou a ignorância. A fé é tanto mais forte quanto mais for questionada. Questione sempre suas crenças de modo que você as confirme ou encontre outras, mais verdadeiras.

O objetivo ao fazer essa abordagem não é a conversão de ninguém, mas o registro da importância de acreditar em algo maior e superior. O mais importante é que o convívio pessoal, direto e constante com Deus não é privilégio de uma ou outra pessoa mais evoluída ou disso mais merecedora que os outros: estar com Jesus é algo ao alcance de todos, gratuito e verdadeiro.

É comum, em momentos de desespero, observar pessoas pronunciando a frase "Oh, meu Deus!", mesmo sem ter fé alguma. Certamente você viu inúmeras vezes cenas das torres gêmeas em Nova York em chamas. Quando o segundo avião se chocou na segunda torre, ouvia-se muitas pessoas pronunciarem "Oh, my God". Mas por que só nesses momentos de desespero ele é lembrado? Talvez porque nesses casos extremos não há nada mais no que acreditar.

Se você quiser, pode experimentar buscar Deus e desfrutar de sua benignidade. É possível que você possa alcançar seus objetivos sem acreditar em Deus, mas se a gente pode contar com um grande amigo como ele na caminhada pela vida, por que abrir mão desse privilégio?

Família

A família é um de seus grandes aliados e uma boa fonte de motivação. E também pode, se for mal administrada, ser uma das maiores dificuldades para se chegar ao sucesso.

Quando a família não está ajudando, pode ser que a culpa seja nossa. Quando nos esquecemos de dar atenção aos familiares e chegamos a acordos para que todos se ajudem mutuamente, sem que um seja dominado ou "usado" pelo outro, os relacionamentos se tornam difíceis e o apoio para conquistar o sucesso não acontece.

Se sua família não está ajudando, tente mudar essa situação, por meio de conversa, paciência e acordos. Família é como se fosse uma empresa: envolve dinheiro, tarefas, resultados, convívio, comunicação, equipe, educação, liderança. Então, por que não fazer também reuniões para acertar os ponteiros, registrar os acordos e determinar os compromissos de cada um?

Quando você está envolvido com um projeto que exige muito de seu empenho, o apoio e a compreensão da família são fundamentais. E em momentos de fraqueza, o apoio da família pode se tornar aquele complemento de energia suficiente para que continue em frente.

Lembre-se também de que seus familiares podem não ter noção da realidade de seu ramo de atuação e não compreender por que você age de uma forma ou de outra. Então, se as conversas e os acordos em família não derem certo, será preciso se organizar para que seus sonhos não deixem de ser realizados por causa disso.

Certa vez um amigo enfrentou muita resistência dentro de sua própria casa. O pai dele não concordava com sua posição de vendedor de material esportivo e, com frequência, desmotivava-o. E esse amigo chegou, por diversas vezes, a se questionar: "Será que estou fazendo a coisa certa?". Mas ele persistiu em sua empreitada e hoje tem a representação estadual exclusiva de uma marca esportiva famosa e com seu progresso construiu um admirável patrimônio. Ele acreditou que estava no caminho certo, insistiu no que acreditava e hoje seu pai é um de seus grandes admiradores.

Por isso, quando sua família estiver lhe ajudando, cuide para manter as coisas assim e merecer essa ajuda. Esforce-se para retribuir o apoio e aproveitar a boa sorte que está tendo.

Esteja disposto a vencer com ou sem as pessoas com quem convive. Isso é uma questão pessoal que só você mesmo pode encarar. Talvez algumas pessoas demorem um pouco mais a entender tudo isso e você tenha que caminhar sozinho por um tempo. Mas lembre-se: não existe glória sem sofrimento. Encare as dificuldades e a falta de crédito dessas pessoas como desafio e motivação para provar para elas e para si mesmo que você pode sim ter sucesso.

Filhos

Se você tem filhos muito pequenos, precisará dar atenção a eles e também criar mecanismos para ter tempo e tranquilidade para estudar, se atualizar e planejar sua semana de vendas. Tenha essa dinâmica ou sairá para vender, indo somente para o lado que o vento soprar mais forte.

Organize-se bem, porque é muito importante separar tempo para os filhos e também para fazer a preparação profissional. Seus filhos precisam saber que são importantes para você. Por isso, você precisa fazer com que o tempo que ficarem juntos seja de qualidade, estando totalmente presente naqueles momentos de convívio familiar.

E quando você sair para vender, ou viajar a trabalho, nunca diga aquela famosa frase, com entonação negativa: "O papai tem que ir trabalhar, meu filho". O inconsciente de seu filho assumirá que trabalhar é algo ruim, fato que o prejudicará no futuro.

Pais, tios e avós

Ajudam com apoio emocional, às vezes financeiro, e com conselhos. Atrapalham quando pressionam demais ou tentam intervir exageradamente em sua vida. Mas é sempre bom separar um tempo para eles. Afinal de contas, mesmo que eventualmente atrapalhando, eles querem seu sucesso e torcem por você.

Colegas de trabalho

Nem sempre eles serão a melhor companhia. Todos nós sabemos que não é possível escolher sogro, sogra e cunhados. Quando nos apaixonamos por alguém, automaticamente teremos que conviver com os familiares da pessoa amada.

Na vida profissional acontece a mesma coisa: na maioria das vezes não é possível escolher os colegas de trabalho. Quando chegamos na empresa eles já estarão lá, ou quando estivermos lá eles chegarão. Simples assim. Sorte sua se puder escolher as pessoas que trabalharão com você.

Quando o assunto é vendas, gostamos de salientar a importância de que você fique atento àqueles colegas que não são tão bons naquilo que fazem, mas por serem pessoas seguras e confiantes erram com suas convicções.

Em outras palavras, não se deixe influenciar por colegas "falsos vendedores". São aqueles que parecem os reis da verdade, mas na realidade não sabem tanto assim e acabam influenciando outros colegas a se comportar de maneira equivocada ou pouco proveitosa.

Evite os colegas do tipo "sabe tudo". São aqueles com nariz em pé, que quando participam de um treinamento saem dizendo que não viram nada de novo. Menosprezam clientes com pouco potencial de compra e se consideram bons demais para gastar tempo com eles. Em linguagem bem do dia a dia, são aqueles que "se acham" e com frequência chegam a ser arrogantes. Mantenha distância desse tipo de profissional, pois uma hora você será contagiado negativamente por ele.

Chefe, gerente ou superior

É muito comum encontrarmos pessoas com cargo de chefia que não são bem-vindas ou não são aceitas por sua equipe. Situações em que a equipe de vendas trabalha melhor quando seu superior não está presente. Talvez você agora deva estar pensando: "Sim, esse é meu caso; e daí? O que devo fazer?". Veja algumas orientações:

- Aceite as pessoas como elas são. Raramente elas serão exatamente como nós gostaríamos. E quando desejamos que o próximo seja como nós gostaríamos que fosse, estamos sendo egoístas.
- Entenda o papel de seu chefe: gerar resultados positivos em vendas para a empresa em que vocês trabalham. Para isso, muitas vezes ele não medirá esforços nem palavras.
- Tenha consciência de que ele também tem família e vive daquele trabalho; se não gerar os resultados esperados por seus contratantes, seu cargo estará na berlinda.
- Faça um esforço maior para adaptar-se a essa pessoa, procure valorizar e admirar suas características positivas, crie afinidades, interesse-se por ela. É quase impossível que essa pessoa não tenha algo de bom, alguma característica interessante para você valorizá-la.
- Lembre-se de que, na grande maioria das vezes, uma pessoa com cargo de chefia em vendas é um antigo vendedor com muita experiência em vendas e não em gestão de pessoas ou equipes. Dificilmente esses profissionais são preparados ou buscam preparo para exercerem tal atividade. É preciso dar a eles algum tempo para que se preparem e se adaptem à posição de chefia.

Terceiro pilar: Administração do tempo

Crianças e adolescentes têm saúde e muito tempo livre, mas têm pouco dinheiro. Adultos têm saúde e dinheiro, mas não têm tempo. Idosos, no geral, têm dinheiro e muito tempo, mas menos vigor físico ou até mesmo algumas limitaçoes físicas.

O que você está fazendo com os "tempos" de sua única vida?

Inúmeros são os cursos e palestras sobre o assunto, fatos que demarcam a importância da administração do tempo. É comum ouvirmos pessoas dizendo: "Eu nunca tenho tempo para nada". Para essas pessoas, provavelmente, fazer pós-venda, que seria, no mínimo, entrar em contato com um cliente e perguntar como estão as coisas, seria um sonho ainda a ser realizado.

Também ouvimos outras pessoas dizendo: "Eu ando numa correria". Ou ainda: "Estou correndo atrás da máquina". Mas que correria? Que máquina é essa que nunca é alcançada? Há algo de errado nessa dinâmica.

A parte boa disso tudo é que as 24 horas do dia são as mesmas para todos nós. Então, nesse quesito, ninguém está em vantagem.

Normalmente o profissional de vendas, além de atender clientes, precisa programar sua semana, viajar, estudar produtos e serviços, pesquisar na internet, avaliar mercados e clientes potencias, avaliar a concorrência, fazer os pedidos, acompanhar produção e instalação, elaborar inúmeros relatórios e ainda melhorar suas vendas.

E na vida particular precisa dar atenção aos filhos, ir ao dentista, levar o carro ao mecânico, participar de reunião de condomínio, resolver burocracias no cartório, entre centenas de outras atividades.

E onde arranjar tempo para tudo isso?

Ficou clara a importância da administração do tempo?

Se você economizar vinte minutos por dia, em um mês terá praticamente um dia livre. Já imaginou? O que você faria com um dia livre?

A administração do tempo abrange cada uma de nossas atividades e decisões o tempo todo. Você sempre precisa decidir o que fazer e quando fazer.

Por isso tudo, é muito importante o modo como você organiza seus horários e suas prioridades.

Como fazer seu planejamento do tempo

O planejamento anda lado a lado com o sucesso. Para você utilizar bem seu tempo, deve haver um planejamento de passos e etapas, um método.

Crie, o mais rápido possível, uma relação daquilo que precisa fazer e de quanto tempo dedicará para cada assunto.

Eis aqui mais algumas orientações que serão úteis:

Uso de agenda

Atualmente existem agendas em papel, celulares, internet e computadores, ou seja, opções de agenda não é problema. A agenda serve para otimizar seu planejamento diário, semanal e mensal.

Esquecer algum compromisso agendado durante a semana pode acontecer de vez em quando, mas se você não tiver algum meio de lembrar suas atividades, com certeza isso acontecerá com muito mais frequência e fará você até mesmo perder clientes.

Existe um caso de um vendedor que chegou mesmo a trocar o dia de sua reunião com o cliente, por falta de anotar em sua agenda. Ele chegou na empresa e perguntou à secretária sobre o chefe dela. E a resposta foi que ele não viria trabalhar no escritório naquele dia. Quando ambos foram checar a agenda do empresário, a reunião estava marcada para o dia seguinte.

Com um sorriso amarelo, o profissional de vendas se desculpou e, para amenizar a situação e a vergonha que passou, em tom de brincadeira pediu à secretária: “Vamos manter isso em segredo? Faça de conta que você não me viu aqui hoje, tudo bem?”. Ela deu um sorriso e ele foi embora, desolado pela falha. A sorte daquele vendedor foi que ele se antecipou ao encontro. Se tivesse imaginado que o encontro fosse um dia depois do que estava marcado, talvez tivesse até mesmo perdido o cliente.

> “As 24 horas do dia são as mesmas para todos.”

Não há motivo algum para uma pessoa ficar a todo o momento mentalizando coisas como: "não posso me esquecer de ligar para aquele cliente"; "quarta-feira tenho que visitar um cliente pela manhã"; "na outra sexta-feira tenho dentista", e assim por diante. A solução é simples: escreva toda essa lista de compromissos em sua agenda e acompanhe-a diariamente. É melhor fazer um pouco menos de atividades bem feitas e com qualidade do que todas elas mal feitas.

Organização da semana

As pessoas acreditam que planejar a semana significa agendar todos os compromissos para segunda-feira. Isso é um erro. Você ficará tão sobrecarregado com suas tarefas, que sua semana inteira será afetada.

Organize-se. Que dia você ligará para clientes inativos? E quando encontrará aquele excelente cliente para quem você vem prometendo uma visita há muito tempo? Que dia fará seus relatórios?

Se deixar para fazer algumas tarefas menos urgentes quando sobrar um tempinho, você não fará, pois raramente há sobra de um tempinho. Então, programe tudo, considerando as prioridades de cada compromisso.

Organização do ambiente de trabalho

Você mal consegue encontrar sua agenda na mesa? Então, comece já uma limpeza, deixe visível somente o que realmente necessita para exercer seu trabalho. Assim, não perderá tempo à procura de agenda, caneta, óculos etc.

Para os profissionais de vendas que atendem clientes em suas mesas de trabalho, a organização da mesma, além de ser útil para a rotina diária, é fundamental para transmitir segurança e confiança aos clientes.

> "Organize-se."

Qualquer um de nós, ao encomendar algum produto ou serviço, vendo o vendedor procurando caneta ou papel em cima de uma mesa desorganizada, ficaria em dúvida em relação à qualidade daquilo que será entregue.

Completar a agenda

Quem pensa que, quando o dia está completo de compromissos, renderá muito, está enganado. Muito provavelmente será uma correria. As pessoas tendem a se esquecer das urgências e dos imprevistos que sempre acontecem.

Não lote sua agenda com compromissos muito próximos. Deixe sempre algum tempo reservado para as atividades extras que podem surgir. Clientes sempre surgem e ligam de uma hora para outra.

É melhor fazer menos tarefas, mas bem feitas e com qualidade do que do que tentar fazer um monte de tarefas de qualquer jeito.

Uso da internet

A internet veio para tornar mais fácil o dia a dia e facilitar nosso trabalho, e não para tirar nosso foco das tarefas importantes. Navegar por horas e horas, sem fins específicos, pode se tornar uma das maiores perdas de tempo da atualidade.

É comum navegarmos na busca de alguma informação e no meio do caminho acharmos outras informações interessantes, sejam profissionais, sejam particulares, mas o fato é que saímos da direção anteriormente traçada. Às vezes chegamos até mesmo a pensar algo como: "Mas o que mesmo eu estava procurando?".

Sendo assim, durante sua pesquisa na internet, tenha em mente o que procura e por que procura. Resista aos diversos tipos tentadores de estímulos que aparecerão durante sua navegação.

Uso de e-mail

E-mail não foi feito para "trocar ideias" e conversar. As pessoas estão dialogando por e-mail. Para conversar, use o telefone, algum aplicativo de comunicação falada, ou algo semelhante.

Procure ser objetivo ao escrever correspondências eletrônicas. Foque o assunto e solicite uma resposta. Se for urgente mesmo, prefira ligar para a pessoa. Se for algo simples, resolva com um telefonema rápido.

O e-mail pode ser seu melhor aliado no trabalho, mas é fundamental saber usá-lo. Se você gosta de encaminhar correntes, por exemplo, não está no caminho certo.

É comum pessoas trocarem mais de cinco ou seis e-mails para agendar uma reunião. Sem contar aqueles que passam e-mails com cópia para diversos colegas da empresa que têm algum tipo de relação com o assunto – costumam dizer que é para ficar tudo bem registrado. Tudo bem, mas é preciso cuidado com os exageros.

Ter tempo para você

Deixar de cuidar das pessoas importantes de sua vida pode não ser uma boa ideia. Deixar de cuidar de você mesmo também é uma má ideia.

Separe um tempo para você. Pode ser para fazer um curso que lhe traga satisfação, ou para a prática de esportes ou exercícios.

Lembre-se também de que as pessoas à sua volta precisam de você e, para ajudá-las, é preciso estar bem consigo mesmo. Reserve um tempo de qualidade para estar com sua família, seu companheiro e seus filhos. Afinal, trabalhar forte não terá sentido se você não puder desfrutar de suas conquistas com essas pessoas.

Como criar mais tempo

Crie mais tempo! Sempre que um amigo nosso mencionava não ter tempo para fazer algo que devia, era isso que o pai dele lhe dizia. E ele estava certo. Hoje em dia ninguém tem tempo. Então, você tem de "fazer" seu tempo.

> "Separe um tempo para você."

Você arrumará tempo para fazer as coisas nas quais tiver real interesse, com as quais estiver realmente comprometido.

Se aumentar suas vendas e ter mais sucesso em sua carreira não é algo que lhe interessa, você nunca terá tempo para isso.

Não espere "dar um tempinho" para fazer algo por sua carreira, pois esse tempinho nunca sobra. Abra um espaço em sua agenda, risque um sábado, um domingo inteiro, para dedicar-se à carreira.

Veja algumas ideias e comportamentos que trazem excelentes resultados na questão tempo:

Atividades em lote

O profissional de venda precisa executar várias tarefas mensalmente, além de vender. Por isso sugerimos que muitas delas sejam feitas em lotes, como se fosse uma linha de produção. Exemplos:

- Pague todas as contas da semana na segunda-feira. Assim você irá somente uma vez ao banco, ou acessará a internet para pagamentos somente uma vez por semana.
- Pare para fazer seus orçamentos e propostas comerciais, se possível, somente uma vez por dia.
- Evite fazer um pouco de cada coisa, ou pior que isso, começar a fazer as coisas que você mais gosta e não as mais importantes. Se fizer isso, poderá deixar o importante para depois e, provavelmente, o importante vai se tornar urgente em pouco tempo.

Podemos comparar as atividades em lote como o processo de produção de uma fábrica. Sempre será gasto um bom tempo para a preparação e a configuração de uma máquina e, depois de tudo pronto, ela começa a produzir. Existe um tempo de preparação e concentração para a execução das tarefas. Então, se você as executar em lotes, gastará menos tempo, pois irá preparar-se somente uma vez.

Sugestões de atividades em lote:

- Pagar contas.
- Ver e-mails.
- Ligar para clientes.
- Fazer relatórios.
- Alimentar o sistema da empresa.
- Verificar redes sociais (profissionalmente).

Evite os ladrões de tempo

Obviamente, você tem de identificar e evitar os ladrões de tempo. Faça uma varredura em suas atividades atrás de situações e atividades com as quais você pode estar perdendo tempo, como:

- Leituras fúteis ou sem conteúdo para sua profissão.
- Navegação na internet atrás de assuntos particulares ou pouco proveitosos para seus objetivos.
- Execução de tarefas que não deveriam ser feitas por você – não assuma atividades que não poderá cumprir.
- Jogos off e online e conversas em demasia.

Cuidado com os e-mails. Atualmente é um dos maiores ladrões de tempo. Procure ler e despachar seus e-mails no máximo duas vezes por turno – a não ser que seu trabalho seja ligado diretamente a ler e responder e-mails, é claro.

Priorize listas

Crie e priorize listas. É comum as pessoas perderem o sono porque ficam repassando tudo aquilo que precisam fazer no dia seguinte. Ficam dizendo para seu cérebro: não se esqueça disso ou daquilo.

Então, antes de se deitar para dormir, faça uma relação de tudo o que precisará fazer no dia seguinte. Ao acordar, priorize essa lista, assim será mais fácil começar as tarefas. Pense algo como:

- Quem pode fazer isso por mim?
- O que é urgente?
- O que é importante?
- O que descartar?
- O que fica para amanhã?

Ainda sobre tempo, vale a pena mencionar um excelente texto, de Raduan Nassar, em seu livro *Lavoura arcaica*:

> O tempo é o maior tesouro de que um homem pode dispor. Embora inconsumível, o tempo é o nosso melhor alimento. Sem medida que o conheça, o tempo é, contudo, nosso bem de maior grandeza. Não tem começo nem fim. Onipresente, o tempo está em tudo. Existe tempo, por exemplo, nesta mesa antiga, nestas paredes antigas. Existiu primeiro uma terra propícia, existiu depois uma árvore secular feita de anos sossegados. E existiu, finalmente, uma prancha nodosa e dura, trabalhada pelas mãos de um artesão dia após dia. Existe tempo nas cadeiras onde nós sentamos, nos móveis da família, nas paredes, na água que bebemos, na terra que fecunda, na semente que germina, nos frutos que colhemos, no pão em cima da mesa.
>
> Rico não é o homem que coleciona e se pesa num amontoado de moedas e nem aquele devasso que se estende mãos e braços em terras largas. Rico só é o homem que aprendeu, piedoso e humilde, a conviver com o tempo, aproximando-se dele com ternura, não contrariando suas disposições, não se rebelando contra seu curso, não irritando sua corrente, estando atento para seu fluxo, brindando antes com sabedoria para receber dele os favores e não a sua ira.

O equilíbrio da vida depende essencialmente deste bem supremo. E quem souber com acerto a quantidade de vagar e ou a de espera que se deve pôr nas coisas não corre nunca o risco, ao buscar por elas, de defrontar-se contra aquilo que não é.

Como elaborar a agenda de horários

Os dois valores essenciais para administrar nosso tempo são a flexibilidade e a responsabilidade.

A flexibilidade decorre do fato de termos o livre arbítrio para montar, modificar e substituir as tarefas a serem cumpridas.

A responsabilidade decorre do fato de sabermos que sem esforço e sem ação contínua e direcionada não é possível obter resultados.

Ainda sobre essa relação, atente para duas ideias. Responsabilidade: "*no pain, no win*", como dizem os treinadores de atletas olímpicos. Isto é, "sem dor [esforço, dedicação, persistência, transpiração, ação], sem vitória".

Para organizar o tempo, o melhor caminho é a elaboração de uma agenda de horários. Agenda de horários é uma coisa que todo mundo sabe o que é, quase ninguém faz e, quem faz, quase nunca cumpre. Contudo, é um dos mais perfeitos e eficientes métodos para otimização do tempo.

O ser humano tem certa resistência a qualquer coisa que lhe pareça ato de autoridade ou controle. Isso se manifesta tanto na resistência a preparar a agenda quanto na dificuldade para cumpri-la com responsabilidade e autodisciplina. Reforço que não será um esforço em vão. Experimente.

> "O tempo é o maior tesouro de que um homem pode dispor."

Na agenda colocamos todas as atividades, deixando em branco os tempos vagos que podem ser muitos ou poucos, dependendo de suas atividades. Em seguida, procuramos espaços que podem ser convertidos em tempo de trabalho e dedicação extra para seu crescimento. Por exemplo: se alguém sabe que todo dia das seis da manhã às sete da manhã e das seis da tarde às sete da noite estará no ônibus, já tem dez horas semanais de trabalho extra para ler, estudar e se atualizar.

Uma das maiores vantagens da agenda de horários é a liberdade e a paz de espírito que decorrem de se fazer aquilo que se decidiu.

Na hora em que você monta sua agenda de horários, você é absolutamente livre. É quem escolhe o que fará, quando, como e onde.

Além disso, você poderá parar de levar trabalho para casa. Reparou que todo mundo leva e poucos trabalham, e que quem trabalha acaba não curtindo seu fim de semana?

Uma boa agenda de horários terá a hora para o lazer e a hora para os trabalhos extras. E respeitando esses horários você poderá simplesmente "desligar" quando for a hora.

Perguntas:

- Você já foi passear sentindo-se culpado porque devia estar trabalhando?
- Você já ficou trabalhando com baixa produtividade, pois estava mesmo é com vontade de passear?

Nosso cérebro nem sempre é capaz de organizar sozinho nossas atividades. Embora o consciente tenha noção de divisão do tempo, o inconsciente nem sempre a tem. Por isso, é muito comum que quando estamos fazendo uma coisa surjam na mente informações e cobranças a respeito de outras coisas a serem feitas. Nessas horas, a agenda serve como uma espécie de "assessor" organizacional.

Normalmente, quando você costuma correr no domingo pela manhã, e não cumpre esse compromisso, seu cérebro fica cobrando o tempo todo. É horrível. Ele fica dizendo: "Você está trabalhando muito e por isso não fez sua atividade física que tanto lhe faz bem. Pare já de trabalhar e vá correr". Para que isso não ocorra, aprenda a usar e respeite a agenda de horários.

Com ela, você deixa de ficar à mercê de seus impulsos naturais e inconscientes. Sua vida ficará mais organizada e tranquila e seu trabalho, consequentemente, renderá muito mais. Lembre-se de que o tempo não se tem, o tempo se faz.

Antes de montar sua agenda de horário

- Lembre-se de que você, certamente, já tem horários definidos para acordar, almoçar etc. Então, por que não definir horários para diversas outras tarefas diárias?
- Conscientize-se de que, para se chegar a um resultado diferente, é preciso uma conduta diferente e que qualquer conquista exige um período maior ou menor de trabalho e investimento.
- Divida o tempo. Avalie sua semana, identificando as necessidades de descanso/sono, higiene, locomoção, trabalho, estudo em cursos de vendas ou faculdade, lazer, refeições, trabalho em casa, atividade comunitária ou religiosa, esportes etc.
- A seguir, preencha a agenda de horários, no formato de uma tabela de fácil consulta, prevendo todas as horas úteis de que você dispõe no dia. Se achar melhor, utilize o calendário do seu celular ou algum aplicativo específico.
- Quando você tiver um horário "livre", destaque-o. Esses horários serão usados para as atividades básicas de quem quer evoluir e ter mais sucesso em sua profissão, assim como você.
- Após cortar os excessos e se organizar, veja quantas horas dedicará a cada atividade. Não tente fazer milagres: melhore aos poucos.
- O lazer pode ser a atividade física ou a atenção dispensada à família. Se há filhos, saiba separar uma parte do tempo para o cônjuge e outra para os filhos.

Pergunte-se sempre:

- As horas inúteis foram otimizadas para transformarem-se em horas úteis?
- Você aguentará e conseguirá cumprir a agenda de horários na forma em que ela se encontra?

O ótimo é o pior inimigo do bom. Não adianta uma agenda de horários “ótima”, mas impraticável. É melhor uma que seja apenas “boa” e que seja cumprida com rigor.

Quarto pilar: Ferramentas de vendas

Sua memória

É muito comum ouvirmos pessoas dizendo que têm uma péssima memória ou que não conseguem memorizar nomes de pessoas, produtos, números de telefone e até mesmo senhas.

Imagine como seria melhor e mais fácil se nossa memória não nos deixasse na mão. Ou melhor, se soubéssemos usar melhor nossa memória.

Decidimos dedicar algumas páginas à memória, pois sabendo usá-la melhor você ampliará em muito seu sucesso na área de vendas.

A memória é a função mental de armazenamento de informações e experiências. É a capacidade humana de reter e evocar qualquer forma de conhecimento.

Mesmo aparentando ser algo difícil, estudos concluíram que o cérebro humano é capaz de memorizar tudo o que acontece. Espaço e capacidade existem: falta apenas saber utilizar todo esse potencial.

Sabemos que um adulto é capaz de recordar os fatos das últimas semanas e tem dificuldade de recordar fatos distantes no passado, ao passo que pessoas idosas conseguem recordar perfeitamente fatos de sua adolescência e têm dificuldade para lembrar o que aconteceu no dia anterior. Isso demonstra que os dados permanecem dentro do cérebro, o que ocorre é a dificuldade de acessá-los e resgatá-los.

O processo da memória decorre de um sistema que trabalha com cinco momentos distintos: captação + fixação + manutenção + recuperação + transmissão.

Fases do processo de memorização

A seguir há uma tabela com cada um desses momentos da memorização e algumas formas de otimizar cada um deles. Acompanhe:

Estágios	Características	Como otimizar o rendimento
Captação	A pessoa recebe informações através de seus cinco sentidos: visão, audição, olfato, tato e paladar. Para a maioria das pessoas, a visão tem certa preponderância, mas isso é determinado pelo desenvolvimento cerebral.	Aumentar a captação é, principalmente, cuidar da saúde (cinco sentidos) e ter acuidade. Prestar atenção ao que está fazendo e ao que está acontecendo é a chave para uma boa captação.
Fixação	A fixação dependerá do tipo de memória utilizada (a curto ou longo prazo) e da qualidade do armazenamento. A fixação é feita nos neurônios, em especial nos dendritos. A fixação corresponde a "marcar" a informação recebida no cérebro.	O cérebro realizará uma seleção de tudo o que estiver acontecendo e fixará o que lhe parecer ou for determinado ser o mais importante. Aqui é essencial interesse, amor e vontade da pessoa pelo assunto ou pela informação. Fazer conexões entre as informações é importante para a fixação. O armazenamento depende de boa alimentação, oxigenação, boa captação e estímulo suficiente.

Estágios	Características	Como otimizar o rendimento
Manutenção	Depois de se "marcar" a informação em um número "x" de neurônios, será a hora de assegurar que esse registro não se perca nos pelo menos 10 bilhões de neurônios ativos. A manutenção é a perenização do registro (ex. não sendo feita outra "gravação" sobre ele). O cérebro raramente mantém guardada informação considerada inútil, mesmo que inconscientemente.	Para manter uma informação no cérebro é preciso indicar a utilidade dela. O cérebro não tem o vício humano de "guardar" o que não será usado. Para a informação não se perder ou ser apagada, é preciso que ela seja bem fixada. A boa fixação é aquela feita com a utilização das técnicas, especialmente a de associação das informações na rede neural.
Recuperação	Recuperar significa localizar e resgatar a informação guardada e mantida no cérebro. Quem leva duas horas para se lembrar de algo que precisa com urgência é uma pessoa que soube guardar e manter, mas que não consegue recuperar a informação que está no cérebro com rapidez.	Para recuperar é preciso conhecer métodos para "armazenar" a informação de modo adequado. É como se deixássemos "gavetas" ou "arquivos" cerebrais bem arrumados. Mais uma vez precisaremos utilizar a associação, a etiquetação, processos mnemônicos etc. A associação é essencial, uma vez que ancora um tema em outros de retorno mais imediato. A principal técnica aqui é a prática, o treino, a execução.
Transmissão	É a capacidade humana de repassar para terceiros (de forma escrita ou oral) o conteúdo memorizado, a informação que foi guardada e recuperada.	Aprenda a redigir e a falar com fluência. Aprenda a utilizar a linguagem humana, inclusive a não verbal. Treinar em frente ao espelho e aproveitar as oportunidades que surgirem para falar em público pode ajudar.

Como melhorar a memória

Muitas vezes você memoriza informações, nomes e detalhes que o auxiliam em suas atividades profissionais, mas em pouco tempo acaba esquecendo tudo. O motivo é que você usou a memória a curto prazo (ou de curto ciclo). Essa modalidade de memória é aquela que se usa para decorar um número de telefone, por exemplo. Como o cérebro faz um ciclo curto, a tendência é a rápida perda da informação ou da capacidade de recordação.

A memória a longo prazo, em vez disso, é aquela que permite satisfatórios armazenamento e recuperação da informação.

As duas formas são importantes e necessárias. Imagine se você lembrasse todos os números de telefone que já discou na vida: 95% deles não são mais úteis, alguns nem existem mais. Assim, o cérebro está preparado para ser eficiente e gravar só o que realmente é importante. Só falta você saber programá-lo dizendo o que é e o que não é importante guardar.

Você esquece quando as informações possuem pouca mobilização afetiva (motivação) ou quando são mais ou menos desestruturadas (não são esquematizadas, não possuem lógica ou não são revistas periodicamente). E isso ocorre não só com informações textuais, mas com atitudes ou técnicas, como manusear determinado equipamento, sistemas informatizados entre outros.

Como guardar uma informação por longo tempo

A utilização de uma ou outra forma de memória, por incrível que pareça, depende exclusivamente de nossa vontade.

Quando a informação entra no cérebro, ele classifica a "mercadoria", enviando-a para uma ou outra "caixa" ou "gaveta". Se nada fizermos, o cérebro vai usar uma ou outra memória aleatória e emocionalmente, o que resultará em apenas algumas informações armazenadas.

No registro emocional acontece o seguinte: se é algo que você não gosta ou não dá importância, seu cérebro registrará a informação como descartável e não a guardará. Se você acha o assunto importante, como o nome daquela pessoa interessante, seu cérebro vai mandar o assunto para a memória de ciclo longo.

Portanto, em vez de deixar a escolha para seu cérebro, decida conscientemente o mais rápido possível o que você pretende lembrar no futuro. Sempre programe sua memória dizendo para si próprio e para seu cérebro que aquele assunto é importante. Não pense algo como "não posso esquecer isso". Pense algo como "isso é importante, devo memorizar".

Técnicas de memorização

Um profissional de vendas terá maior facilidade e sucesso aumentando sua capacidade de memorização para armazenar argumentação, técnicas de vendas, nomes de clientes e informações relevantes para facilitar sua venda. Veja os cinco principais métodos:

- Estabelecer relações e associações.
- Identificar a aplicação.
- Execução.
- Processos mnemônicos.
- Etiquetação mental.

Relações e associações

Não há nada melhor para a memorização do que estabelecer relações e associações entre as diferentes informações que você deseja memorizar. Relacione tudo o que você aprender com conhecimentos já consolidados em sua mente.

Uma das formas para memorizar é, em vez de fazer uma lista linha a linha, fazer uma teia ou árvore, ligando as informações, situando as mais importantes no centro e partindo delas para as bordas. Como abordar diferentes aspectos de um mesmo conceito. É como criar mapas mentais.

Memorizar nomes de clientes ou suas preferências, para alguns profissionais de vendas, não é uma tarefa simples. O primeiro motivo é porque, ao ouvir o nome do cliente, você não diz para seu cérebro: "Armazene este nome".

Uma forma simples que funciona muito bem é associar o nome daquele cliente com a imagem de uma pessoa já conhecida. Quando precisar lembrar o nome desse cliente, você lembrará da fisionomia da pessoa conhecida e imediatamente se lembrará do nome.

Outra forma é, depois de ouvir o nome do cliente, repeti-lo em voz alta. Por exemplo: "Ótimo, Eduardo. De que forma posso lhe ajudar?". Ou: "Gostaria de sentar-se, Sr. Eduardo?".

Anotar nomes e informações relevantes também poderá ser útil, pois o papel não esquece nada do que nele for escrito.

Identificar a aplicação

Sempre que for estudar sobre vendas, produtos, serviços, clientes, diga a si próprio qual é a utilidade daquilo que você vai aprender. Se seu cérebro sabe que usará alguma informação, ele a guardará melhor. Diga para si mesmo onde e quando pretende usar aqueles conhecimentos.

Em muitos treinamentos é possível perceber os alunos desprezando técnicas de vendas excelentes e funcionais, por não perceberem sua utilidade naquele momento. A técnica apresentada funciona, porém, o aluno não considera sua aplicação útil e não a memoriza.

Quando o professor diz que tal matéria cairá na prova e você faz um asterisco ou coisa parecida naquele ponto, você o memoriza, certo? O que acontece nesse caso é que seu cérebro é informado de que aquele item será usado no futuro. É por isso que o item é memorizado. O que você tem de fazer é destacar em sua mente a importância das coisas que está aprendendo ou tentando memorizar.

Usamos essa técnica com o cliente ao apresentar um produto ou serviço. Antes de falar sobre o benefício, devemos falar sobre a necessidade que o cliente deve ter. Veja um exemplo de um vendedor de roupas masculinas:

> Vendedor: "Certamente o senhor não gostaria de vestir uma camisa e antes de chegar à sua importante reunião ela já estar amassada, não é mesmo?".
>
> Cliente: "Realmente, eu não gostaria. E você tem razão, tenho algumas camisas com que acontece exatamente isso!".
>
> Vendedor: "Com esta camisa que estou lhe apresentando, por ser fabricada com uma fibra especial, não acontecerá isso".

Em outras palavras, o vendedor mostrou que o cliente tem uma necessidade (dor) e que ele tem o remédio (solução) e que ele tem o remédio. Aliás, use sempre que possível a técnica da dor e do remédio com seus clientes, pois ela lhe ajudará a vender mais. Os clientes só abrirão suas carteiras para nos pagar algo a partir do momento que perceberem qual problema nosso produto ou serviço resolverá.

Assim como o cliente comprará se você lhe mostrar a aplicação de seu produto, seu cérebro memorizará as coisas das quais você disser a si mesmo qual é a utilidade.

Execução e utilização

A melhor forma de nunca mais esquecer uma coisa é praticá-la. Ande de bicicleta por um minuto e isso valerá mais do que dois anos estudando teoricamente tudo sobre como andar de bicicleta.

Elabore um resumo e você dificilmente esquecerá sua forma de elaboração e o assunto.

Isso acontece porque o fato de fazer, realizar e praticar exige um processamento mental mais elaborado e, consequentemente, um maior número de relações, além de uma aplicação efetiva, e não simplesmente teórica e abstrata.

Quantas vezes você treinou que estava vendendo? O treino e a simulação farão você memorizar e aprender tudo aquilo que não poderá esquecer durante um atendimento ao cliente.

Se você fizer um resumo deste livro, estará fixando e memorizando todos os assuntos que perceber serem úteis para o dia a dia.

Processos mnemônicos

Um excelente sistema para memorizar dados importantes é o uso de processos mnemônicos. Antes de explicar como usá-los, queremos alertar que o ideal é memorizar o essencial (o esquema, a árvore, a estrutura) e, a partir daí, usar o raciocínio. Memorizar sem compreender deixa o conteúdo frágil.

Esse processo funciona com a formulação de frases, palavras ou relações com as letras do dado a ser memorizado. Veja os exemplos a seguir:

- “Matriz FOFA” – Fraquezas, Oportunidades, Forças e Ameaças.
- “Minha Vizinha Tem Muitas Joias, Só Usa No Pescoço” ajuda a recordar o nome dos planetas do sistema solar através da primeira letra de cada: Mercúrio, Vênus, Terra, Marte, Júpiter, Saturno, Urano, Netuno, Plutão (que em 2006 deixou de ser considerado um planeta). É mais fácil decorar uma frase do que nove palavras.

Etiquetação mental

A etiquetação é uma das técnicas para associar dados a fim de recuperá-los mais facilmente. A memória “arquiva” as informações de modo um tanto quanto semelhante a nossos arquivos de metal ou nosso computador pessoal. Imagine a memória como um colossal arquivo com inúmeras "pastas" e "gavetas".

Se jogarmos as informações em nosso cérebro de qualquer maneira, nossos "arquivos" se constituirão em uma grande bagunça. Na hora de o cérebro recuperar uma informação, ou não conseguirá ou levará mais tempo do que dispomos.

Isto já deve ter acontecido com você: queria lembrar-se de alguma coisa (nome de uma pessoa, um filme, um telefone) e não conseguiu. Algumas horas depois a informação veio direto para seu consciente totalmente fora do contexto. O que acontece nesses casos é que você manda uma ordem para seu cérebro e ele vai atender. Mesmo depois de você desistir, o cérebro fica lá, como um bom empregado, trabalhando freneticamente para lhe dar a resposta. O problema é que muitas vezes se deixa a informação tão solta, tão mal arquivada, que é preciso algum tempo para o cérebro achá-la no meio de bilhões de neurônios.

Uma das soluções para esse problema é treinar o cérebro a trabalhar mais rápido na busca de informações. Outro recurso que você pode usar é a "etiquetação mental".

Tudo o que você quiser recuperar no futuro deve ser "arquivado" em "pastas", por assuntos mais ou menos inter-relacionados. Mentalize e repita para si mesmo qual é o assunto de que trata a informação que você está enviando para dentro de sua memória. Reproduza mentalmente a capa do catálogo de produtos, a importância do assunto, relações, tudo o que puder servir para que a informação "entre" no cérebro de modo mais bem endereçado.

Sendo assim, se você oferecer a devida importância para as técnicas de memorização, além de não as esquecer, você colherá ótimos resultados.

Evite ter um "branco" diante do cliente

A pessoa tem um "branco" porque programa o cérebro de maneira incorreta. Ou ela já afirma que terá um "branco", ou diz que não quer tê-lo. Nos dois casos mandando junto a imagem do último branco.

Antes de saber como evitar o branco, é importante saber por que "dá o branco". Normalmente, ficamos com nossa mente inquieta e pensamos coisas como:

- Não posso me esquecer de falar tal coisa.
- Será que esse cliente vai comprar?
- Hum, acho que ele não está gostando, a cara dele não está boa...
- Ele não vai gostar do preço...

Ou seja, é comum termos diálogos internos diante do cliente. Quanto mais conversarmos com nós mesmos na hora da negociação, maior a chance de "dar o branco", de nos atrapalharmos e perdermos o foco no que devemos fazer naquele momento. Esses diálogos caracterizam nossas incertezas e inseguranças.

Por fim, na hora de atender o cliente, quando o cérebro obedece à programação preestabelecida e a pessoa tem o "branco", ela ainda diz: "Viu, eu sabia que ia ter um branco!". Com isso, cada vez mais programa o cérebro para dar "brancos" na frente do cliente.

Devemos programar nosso cérebro com atitudes e imagens corretas e adequadas. Tal como um filho, nosso cérebro não aprende e repete o que falamos, mas sim o que fazemos e sentimos.

Para evitar o branco na hora de falar com o cliente, quando for preparar sua apresentação (ou seja, antes de ficar frente a frente com o cliente), siga os passos a seguir.

Antes de interagir com o cliente

Passo 1 – Emita ordens verbais claras e positivas para seu cérebro

Veja alguns exemplos:

- Será uma excelente reunião.

- Esse cara vai comprar de mim hoje.
- Vou me manter sereno.
- Se o cliente reclamar do preço ou falar sobre meus concorrentes, isso será um estímulo para que eu negocie ainda melhor.
- Sou um excelente profissional de vendas.
- Meus produtos são os melhores e solucionarão os problemas e atenderão aos desejos desse cliente.

Passo 2 – Emita ordens com imagens (visão, som, luz, emoção) para seu cérebro

Veja alguns exemplos:

- Crie em sua cabeça a imagem do cliente assinando o contrato. Com ele dizendo algo como: "Como eu posso pagar?".
- Ouça a voz daquele cliente (que você já conhece) que visitará dizendo frases que colaboram com seu trabalho e com suas vendas.
- Lembre-se dos sentimentos que você tem a cada vez que fecha um bom negócio. Sinta essas emoções.

Passo 3 – Mentalize e visualize aquilo que você quer que seja feito ou que aconteça

Veja alguns exemplos:

- Imagine aquela cena tradicional do cliente assinando o contrato, digitando a senha do cartão de crédito e confirmando a compra.
- Enxergue você e o cliente em um clima agradável e amistoso. Tire uma foto mental desse momento e a mantenha clara em seus pensamentos.

Quando estiver interagindo com o cliente

Passo 4 – Volte um pouco seus pensamentos e recapitule sua fala ou sua explicação

Assim você organiza suas ideias e, normalmente, tem a chance de complementar a conversa com elementos que faltavam. Se isso ocorrer, chame a atenção do cliente para a complementação.

Veja alguns exemplos:

- Na verdade, isso significa que...
- Bem, até agora falamos resumidamente que...
- Vou explicar isso de outra maneira...

A ideia básica aqui é voltar alguns passos e se reconectar ao assunto e diminuir os diálogos internos.

Comunicação para vender mais e melhor

É necessário bom preparo para se comunicar, por escrito e verbalmente. Uma coisa é deter o conhecimento sobre o mercado, os produtos e serviços. Outra coisa bem diferente é saber transportar esse conhecimento para o papel ou para os interlocutores.

É fundamental entender que comunicação não é aquilo que você fala e escreve, e sim o que as outras pessoas entendem e percebem daquilo que você comunica.

Treine sua capacidade de transmissão de ideias. Não adianta ter uma usina grande como Itaipu de conhecimentos e um fio de meio milímetro para transmitir todo esse conteúdo.

É bem provável que tenha sido aluno de um professor que sabia muito a matéria, mas não conseguia transmitir seu conhecimento. Qual foi o resultado dessa combinação? Péssimo, não é mesmo?

Conhecer muito sobre produtos e serviços, saber memorizar informações, mas não saber transmitir é o mesmo que atravessar o mar a nado e morrer na praia.

A comunicação aplicada à venda

Certamente você conhece a brincadeira e até mesmo já brincou de telefone sem fio quando criança. A frase começa de uma forma e chega à outra ponta, depois de passar por várias pessoas, de forma bem diferente.

Então imagine que seu colega de trabalho lhe explicou algo sobre um produto e você captou 80% de tudo o que ele disse. Ao explicar isso para um cliente, você conseguiu transmitir 60% do que tinha compreendido. O cliente, por sua vez, absorveu 50% de sua explanação. Logo, o cliente ficou com menos de 30% daquilo que era importante saber sobre o produto. Isso se considerarmos que você e o cliente não tenham distorcido nenhuma informação.

Muitas vezes as pessoas discutem por tratarem do mesmo assunto, porém de ângulos distintos. Tudo melhora quando chega uma terceira pessoa na discussão e diz: "Não há motivos para essa discussão, pois vocês estão falando a mesma coisa, porém de formas diferentes". A comunicação clara e objetiva é tudo em vendas.

Um profissional de vendas que não é comunicativo, que não usa a comunicação como técnica, dificilmente será referência em seu meio de atuação.

Um vendedor que não sabe usar bem sua capacidade de comunicação é semelhante a um jogador de futebol que não consegue correr bem e não sabe chutar.

Felizmente, muitas pessoas já utilizam muitas formas e técnicas de comunicação, porém de modo intuitivo. Nas próximas páginas serão apresentadas e exemplificadas diversas questões relacionadas à comunicação de qualidade que gera resultados positivos.

Nossas ideias são o combustível da comunicação. E a comunicação mais eficaz é aquela que torna as ideias mais explícitas e claras.

> "Treine sua capacidade de transmissão de ideias."

Sendo assim, veja a seguir algumas orientações para facilitar sua comunicação com seus clientes.

Voz

Tom de voz

É possível modular sua voz, mudando a tonalidade para mais grave ou mais aguda. O agudo passa a ideia de algo mais informal e descontraído. O grave transmite seriedade. Todos temos nossa tonalidade de voz natural, mas é possível e comum falarmos em tons variáveis, dependendo de cada momento e de cada situação.

Andamento ou frequência

Podemos falar mais rápido ou mais devagar. Quando falamos muito rápido, o cliente poderá não acompanhar nosso raciocínio, pois tudo o que estamos falando pode ser um assunto novo para ele, embora para nós possa ser um assunto conhecido e fácil.

Para dar destaque a um assunto importante, podemos utilizar a variação da frequência da fala, procurando falar bem mais lento e pausado, marcando bem determinada informação.

Volume e tom

Uma pessoa pode ter boa cultura, ser extrovertida e desinibida, saber usar bem as mãos, possuir um rico vocabulário e dominar uma boa fluência verbal, mas se falar de forma linear, com voz monótona, provocará desinteresse e sonolência nos ouvintes.

Ao falar muito baixo a pessoa pode passar insegurança em relação àquilo que está dizendo, ou dar a impressão de que o conteúdo não é nada interessante. Por outro lado, se falar sempre muito alto parecerá que está invadindo o espaço do interlocutor e certamente haverá uma tendência de rejeição.

E quando você quiser tornar algo exclusivo e relevante, baixe o volume da voz e fale mais pausadamente.

Articulação

A articulação é a movimentação que fazemos com a boca para falar. Quando as pessoas não têm certeza do que estão falando, falam com pouca articulação – articulação imprecisa. Está sempre presente quando há dúvida.

Lembre-se de algum dia em que você estava em uma sala de aula e o professor fez uma pergunta difícil, mas era algo que você sabia a resposta... Com certeza você respondeu com muita articulação – popularmente, diríamos que você encheu a boca para falar.

Agora, se você não tem certeza, falará com pouca articulação, em volume mais baixo. Portanto, a boa articulação tem como objetivo principal passar firmeza e credibilidade para o interlocutor.

Com relação à voz, se você com frequência ouve de seus amigos, familiares ou pessoas próximas solicitações como "fale mais baixo"; "fale mais alto"; "fale mais rápido"; "fale mais devagar", dê mais atenção a elas, pois são sinalizadores de que você não está falando dentro dos padrões ideais. E se isso está acontecendo, tenha certeza de que seus clientes sentem o mesmo desconforto, porém não fazem tais solicitações por não se sentirem com liberdade para fazer-lhe reivindicações.

Pausa

A pausa tem conotação didática. É necessário fazer pausas para garantir que as pessoas estejam entendendo o que está sendo falado. Quando falamos sem pausa alguma, podemos passar a impressão de que não estamos preocupados com o entendimento do interlocutor.

A pausa também pode ser utilizada para dar destaque a algo durante uma frase. Veja um exemplo sem pausa e outro com pausa. Leia em voz alta:

- Sem pausa: "A Floresta Amazônica é o coração do Mundo".
- Com pausa: "A Floresta Amazônica... é o coração do Mundo".

Essa técnica da pausa valoriza o texto ou a palavra que vem logo após uma pequena parada na fala. Treine isso com seus colegas e amigos e perceberá a diferença.

- Sem pausa: "Se você levar dois deste modelo posso lhe dar 9% de desconto".
- Com pausa: "Se você levar dois deste modelo posso lhe dar.... 9% de desconto".

Vícios de linguagem

Quantas vezes tentamos ouvir pessoas, acompanhar seu raciocínio, mas fica difícil, pois ouvimos alguns ruídos ou palavras como "âââ", "éééé", "tá", "né", "certo", "percebe", "daí" inúmeras vezes. Deixamos de prestar atenção no conteúdo e ficamos incomodados com esses sons que dificultam a compreensão.

Esses e outros vícios acontecem quando a pessoa está pensando muito enquanto fala. Quando treinamos e estudamos nossas falas dificilmente isso chegará e incomodar o ouvinte.

Descubra se você tem vícios de linguagem perguntando para as pessoas mais próximas, ou filmando uma fala sua e assistindo depois. E comece a policiar-se para corrigi-los.

Palavras inibidoras da persuasão

Eis aqui algumas palavras e expressões que consideramos pouco persuasivas e até comprometedoras da venda, no momento do atendimento ao cliente:

- Barreira.
- Difícil.
- Dificuldade.
- Eu acho.

- Infelizmente.
- Mais ou menos.
- Pode ser.
- Talvez.
- Complicado.
- Duvidoso.
- Eu não gosto.
- Caro.
- Obstáculo.
- Quem sabe.
- Problema.
- Sei lá.

Essas duas colunas são para você assinalar aquelas palavras que costuma usar com frequência e, logicamente, treinar para diminuir o seu uso.

Uma das expressões que muito ouvimos é: "Eu acho". Quando alguém fala isso é como se tivesse falado: "Não tenho certeza". Imagine se um cliente perguntar para um vendedor se o produto não vai estragar e ele responde dizendo: "Não tenho certeza". Qual cliente levaria tal produto?

Qualquer pessoa que tenha a intenção de ser mais persuasiva deve apagar o "eu acho" do vocabulário e substituir por outras expressões mais persuasivas, como "eu imagino quê"; "eu percebo quê"; "eu entendo quê"; "eu acredito quê".

Palavras subjetivas

Imagine um cartaz com o seguinte dizer: "Volto logo". Não fica claro quem volta logo e muito menos quanto tempo demorará para esse alguém voltar.

Agora imagine um cliente dizendo que quer comprar um automóvel moderno, grande, sofisticado e de cor clara? Se você fosse vendedor de automóveis ficaria fácil de vender esse carro com todas essas características?

Lamento, se você respondeu "sim", pois estaria acreditando que os conceitos do cliente sobre moderno, grande, sofisticado e cor clara são os mesmos que os seus. Para um cliente, grande pode ser apenas um carro de quatro portas, ou maior que o carro atual dele. Sofisticado pode ser representado por ar-condicionado e teto solar e para você seria, talvez, painel em madeira e bancos em couro.

O que estamos sinalizando é que palavras subjetivas não facilitam nossa comunicação, pois na grande maioria das vezes significam coisas diferentes para as pessoas. Veja alguns exemplos de palavras subjetivas:

- Caro/ Barato.
- Rápido/ Lento.
- Pouco/ Muito.
- Alto/ Baixo.
- Antigo/ Atual.
- Claro/ Escuro.
- Mais/ Menos.
- Bonito/ Feio.
- Comprido/ Curto.
- Pequeno/ Grande.
- Novo/ Velho.
- Moderno/ Ultrapassado.
- Inovador/ Conservador.
- Não muito/ Bem pouco.

Novamente, as duas colunas são para você assinalar aquelas palavras que costuma usar com frequência e, logicamente, treinar para diminuir seu uso. E também ficar atento para quando seu cliente usá-las e procurar pedir a ele que seja um pouco mais específico.

Entusiasmo na comunicação

Mesmo que você tenha todas as características de um bom comunicador, se não tiver entusiasmo naquilo que diz, não contagiará positivamente o cliente.

A ênfase é uma forma de passar entusiasmo na voz. É como se você colocasse algumas palavras de um parágrafo em negrito. Leia a frase a seguir em voz alta:

- "Nosso produto é o único do mercado com este sistema e com dois anos de garantia."

Agora leia a mesma frase em voz alta e firme mais a voz nas palavras em negrito:

> “A ênfase é uma forma de passar entusiasmo na voz.”

- “Nosso produto é o **único** do mercado com este sistema e com **dois anos de garantia**.”

Certamente você percebeu o quanto melhorou a força das expressões “único” e “dois anos de garantia”.

O entusiasmo é um comportamento contagiante e é isso que precisamos fazer com nossos clientes: contagiá-los positivamente.

Seu corpo fala

Curiosamente, a expressão corporal assume até mais importância do que a voz e, em alguns casos, do que o próprio conteúdo.

O medo de olhar nos olhos, expressão facial incongruente com o conteúdo da fala, aparência malcuidada, ausência de gestos ou excessiva gesticulação, bem como posturas inadequadas, são suficientes para tirar o brilho de um processo de comunicação.

O corpo também o auxiliará fortemente a transmitir entusiasmo. Mais da metade de sua comunicação não é verbal. Seu corpo é a “tela” ou a “imagem” daquilo que você fala. A maneira como nos postamos passa impressões fortes a nosso respeito.

A postura corporal ideal é ereta, confortável e que fique de frente para o interlocutor. Quando a pessoa está insegura em relação ao que falará, naturalmente coloca-se em postura mais humilde, ombros caídos e olhar para baixo. Tal postura poderá desmentir qualquer fala mais otimista e certeira do comunicador. De forma contrária, uma postura muito ereta e rígida pode passar a ideia de esnobismo e antipatia, fato que pode nos afastar dos interlocutores.

No quadro a seguir veja alguns tipos de comportamentos corporais e seus possíveis significados. Mesmo que o outro não esteja falando, ele está se comunicando com o corpo. Esses conhecimentos servirão para você corrigir suas eventuais falhas e para observar e interpretar seus clientes:

Comportamento não verbal	Possíveis significados e indicações
Balançar das pernas	• Impaciência • Urgência • Perda de interesse
Franzimento da testa	• Desaprovação • Tristeza • Perda de entendimento
Olhando no vazio	• Distração • Impaciência • Perda de interesse
Inclinação do corpo para a frente	• Fascinação • Concentração • Interesse
Balançar a cabeça	• Aprovação • Encorajamento • Entendimento
Arquear as sobrancelhas	• Descrença ou incredulidade • Encorajamento • Entendimento
Permanecer em silêncio	• Concentração • Interesse • Respeito
Desassossego e inquietação	• Perda de interesse • Desconforto • Prolixidade e enfado

Posição e poder

Se você se sentir em posição inferior ou perceber que o interlocutor tem mais poder, cuidado, você poderá concordar com tudo o que o interlocutor falar e poderá reprimir fortemente suas ideias.

Exemplo: Imagine uma conversação entre um cliente bem mais velho, mais experiente e com maior poder aquisitivo do que o vendedor que o está atendendo. Quando esse cliente fala algo que não está correto ou que é necessário contrariá-lo, provavelmente o vendedor ficará inseguro em contrariar o cliente. O correto seria dizer algo como: "Entendi o que o senhor disse e compreendo o motivo, porém a solução ideal para essa situação é... Pelos seguintes motivos...".

Ou seja, por meio de uma forma clara e respeitosa, diga ao cliente o que deve ser dito para que você não tenha problemas com ele no futuro, não permitindo assim que o poder e a posição do interlocutor atrapalhem sua comunicação.

Sua capacidade de comunicação

Os assuntos a seguir o ajudarão a tomar consciência de como aprende e assimila melhor as informações e também a compreender mais os clientes e estar mais bem preparado para atendê-los.

O cérebro possui quatro formas de captação de informações: visual, auditiva, cinestésica (não confundir com sinestésica) e digital. Nossos sentidos de tato, olfato e paladar resultam na capacidade cinestésica (sentir).

Cada pessoa possui uma forma de captação de informação mais sensível para determinados sentidos, caracterizando-se, dessa maneira, como visuais, auditivas ou cinestésicas. Porém há pessoas que possuem um grande equilíbrio no uso das diferentes formas de captação: são as digitais, ou polivalentes.

Existem formas, ou estratégias, diferenciadas para fechar uma venda com cada uma dessas classes de pessoas. Vamos avaliar cada uma dessas formas de captação de informações e sua utilidade para as vendas:

Vendendo para uma pessoa visual

Precisa "ver" a coisa para compreender, captar, aprender. Não basta conversar, raciocinar ou uma boa explicação. Visuais precisam ver para compreender.

Você pode perceber a tendência visual na fala da pessoa, pois ela diz coisas como "viu?"; "veja bem"; "olha só"; "não vejo a hora"; "visualize isso". Outra forma de perceber a tendência é a gesticulação à frente, ou indicando os olhos, além da postura mais ereta.

Ao negociar com um cliente visual é muito melhor você escrever sua proposta do que verbalizar tais informações.

Vendendo para uma pessoa auditiva

Precisa ouvir, escutar. Responde melhor a um estímulo auditivo do que aos demais. Ao falar utiliza termos como: "vê se me escuta"; "isso não me soa bem". Gesticula na altura dos ouvidos ou apontando e tocando os próprios ouvidos. Em sua postura pode parecer estar virando o ouvido para ouvir melhor.

Neste caso, é preferível verbalizar as condições da negociação do que escrevê-las, mas fale de forma clara, pausada e audível.

Vendendo para uma pessoa cinestésica

Procura a sensação de sentir, provar, tocar. Fala frases como: "não me cheira bem"; "não me toquei disso"; "esse cara me marcou"; "você sentiu isso?". Sua postura parece indicar a tentativa de cheirar ou provar.

Se este for o caso, faça o cliente tocar e manusear os produtos que você vende. É muito comum vendedores ficarem manuseando produtos e não passar essa sensação para os clientes. Na realidade, são os clientes que devem sentir os produtos e não os vendedores, principalmente se for um cliente cinestésico.

É relativamente fácil identificar uma pessoa cinestésica. É aquela pessoa que fala próximo dos outros, tem o hábito de tocar, beijar e abraçar as pessoas.

Vendendo para uma pessoa digital ou polivalente

Essa pessoa é aquela que tem uma captação equilibrada entre os sistemas mencionados. Sua característica é a de ser introspectivo no sentido de se tocar ou falar sozinho, gostar de pensar "com seus botões" e querer a explicação de tudo.

Programação neurolinguística

A programação neurolinguística conta com um conjunto de técnicas de trabalho com a mente, que permite obter melhores resultados nos mais diversos setores da vida. A programação neurolinguística trabalha procurando relacionar e organizar os comportamentos decorrentes dos cinco sentidos e, com o uso da linguagem, busca facilitar uma autoprogramação mental favorável a objetivos, além de melhorar o preparo para estabelecer comunicação com outras pessoas. Sem dúvida, a programação neurolinguística engloba ferramentas e linhas fundamentais para todo profissional em busca do sucesso, em especial aqueles que se dedicam à área de vendas.

Para compreender a ideia básica da programação neurolinguística, podemos recorrer ao chamado "Seminário de programação neurolinguística em 3 minutos", de O'Connor e Seymour:

Para obter sucesso na vida é preciso ter em mente três fundamentos:

- Saber o que se quer. Ter uma ideia clara do objetivo desejado em qualquer situação.
- Estar alerta e receptivo para observar o que está conseguindo.
- Ter flexibilidade para continuar mudando até conseguir o que quer.

Joseph O'Connor é um dos principais autores de livros sobre programação neurolinguística e um dos grandes responsáveis por sua popularização. John Seymour é professor, especializado em usar aplicações práticas da programação neurolinguística para provocar mudanças na vida.

O professor Nelson Spritzer, médico com especialidade em Neurologia do Comportamento e da Comunicação Humana, elaborou algumas pressuposições a respeito da programação neurolinguística:

- Se você fizer o que sempre fez, terá a resposta que sempre teve.
- A natureza do Universo é a mudança.
- Não há erro, só resultado.
- Não há fracasso, só experiência.

Vale aqui dizer que o cérebro é o maior e mais inexplorado dos territórios e que ele funciona melhor quando não funciona sozinho. Ele funciona melhor quando funciona com o coração. Ou seja, o racional só se completa quando está envolvido com o emocional.

O cérebro é um fantástico serviçal, mas as coisas devem ser feitas e buscadas com o coração. Faça uma programação correta daquilo que você quer, entre em sua busca com coragem, coração e disposição e tudo funcionará melhor.

A programação neurolinguística é o diferencial que gera muito mais resultados no dia a dia das vendas. As técnicas utilizadas fazem parte das características da vida, do dia a dia de cada um de nós. Só que muitas vezes não "sabemos que sabemos", por isso não usamos a programação neurolinguística em todo seu potencial.

Quando a utilizamos de forma consciente, ela passa a ser uma técnica poderosa de comunicação e relacionamento. E, como técnica, ela pode ser utilizada de modo mais direcionado, o que nos leva a alcançar melhores resultados, principalmente na aplicação profissional.

Processamento mental da compra

O autor A. J. Limão Ervilha, conferencista especialista em liderança e vendas, faz uma analogia muito interessante do processamento mental da compra com um semáforo de trânsito, conforme apresentamos resumidamente a seguir:

- **Vermelho –** Esta é a primeira fase do cliente. Não ultrapasse, tenha cuidado, a mente está bloqueada. Você deve conquistar o direito de prosseguir. Este é aquele momento que, quando somos clientes e entramos em uma loja, o vendedor vem logo querendo vender, "empurrar" produtos, gruda em nós de uma forma tão chata que dá vontade de ir embora. Lembrou? Ninguém gosta desse momento – nem o cliente nem o vendedor. Talvez você como vendedor já tenha ouvido centenas de vezes a frase: "Só estou dando uma olhadinha". Essa frase vem logo depois de você dizer: "Pois não, posso ajudar?". Essa resposta do cliente, que ninguém aguenta mais ouvir, significa: "Caro vendedor, acabei de entrar na loja e estou com a mente dispersa, minha mente está bloqueada para algum estímulo específico para compra. Portanto, aguarde um momento para que eu possa captar através de meus canais sensoriais (visual, auditivo e cinestésico) e em breve você poderá me ajudar, o.k.?". Captar a atenção do cliente é o objetivo desta fase.
- **Amarelo –** Ocorre quando o cliente percebe algo interessante que esteja relacionado com suas necessidades ou desejos. *"Gostei deste casaco. Combina com minhas roupas. Será que é muito caro?"* Em outras palavras, é a fase em que o cliente se interessa por alguma coisa e começa a ficar mais acessível.

> "A programação neurolinguística é o diferencial que gera muito mais resultados no dia a dia das vendas."

- **Verde** – É o caminho livre. No processo mental, significa que o cliente está em processo de associação do estímulo externo com seu quadro de necessidades e, sendo assim, está receptivo à demonstração, à argumentação e à persuasão.

Agora que você já sabe o quanto é importante respeitar o "semáforo" do cliente, acompanhe algumas técnicas da programação neurolinguística aplicadas à venda.

Positividade

É uma forma de abordagem positiva, tranquila, com simpatia, sorrisos ou acenos com naturalidade, ativando a mente do cliente de maneira a conquistar sua confiança. É muito simples, mas pouca gente faz. Ou seja, é simples se diferenciar da concorrência, mas pouca gente usa isso a seu favor.

Lembre-se de como você gostaria de ser recebido ao chegar na casa de um amigo ou familiar. O sorriso é fundamental para a positividade. Se você trabalha no varejo, não diga "pois não, posso ajudar?" ou "deseja alguma coisa?". Depois de alguns minutos, você poderá se aproximar do cliente dizendo seu nome, colocando-se à disposição e até mesmo fazendo um comentário positivo sobre o produto que o cliente está olhando naquele momento.

Veja um exemplo: "Com licença, informo que tenho outras cores desse modelo no estoque. Se o senhor quiser ver é só pedir. Meu nome é Felipe".

Truísmo (trivialidades)

Usar trivialidades é outra forma de abordagem. Perguntas e comentários em que a resposta é previsível: "Hoje está um dia agradável, não é mesmo? Nem quente nem frio".

Ao receber o cliente, evite ficar frente a frente, pois é uma posição de confronto. Procure ficar quase ombro a ombro, em um ângulo de 45 graus. Esta é uma posição amistosa, que demonstra que você não está contra o cliente, mas ao lado dele.

Para você que trabalha com vendas externas, com certeza já ouviu falar no "quebra gelo", que é uma pergunta ou um comentário logo no início do encontro. Para não errar, NUNCA PERGUNTE AO CLIENTE COMO ESTÃO AS VENDAS DELE OU COMO ESTÃO OS NEGÓCIOS.

Você nunca ouvirá alguém dizer algo como: "Os negócios estão ótimos, nunca ganhei tanto dinheiro na vida". Será muito comum ouvir reclamações em relação ao governo, ao dólar, ao trânsito ruim, aos clientes que reclamam do preço alto e assim por diante.

Então a técnica simples é fazer um comentário positivo. Sempre ao entrar em uma empresa para uma reunião, procuramos algo para elogiar logo no início, às vezes o jardim, um quadro, um troféu e até mesmo a boa educação da recepcionista, da secretária ou do vigia. Também é útil acessar o site da empresa antes da visita. Lá certamente você terá algo para comentar positivamente com seus clientes ou *prospects* no início de uma reunião. Importante salientar que o comentário positivo ou elogio deve ser sincero.

Rapport

A linguagem do corpo é uma maneira não verbal de as pessoas comunicarem inconscientemente o que estão de fato pensando e sentindo. Nós conseguimos controlar nossas palavras, mas nossas expressões corporais e faciais dificilmente escondemos.

A importância da linguagem corporal para você, profissional de vendas, reside no fato de que muitos clientes têm inseguranças ou relutam em comunicar abertamente suas intenções. Então você pode se basear na comunicação não verbal para compreender o que as palavras dos clientes não estão dizendo.

O *rapport* (palavra francesa que significa "padrão") pode ser resumido como a empatia construída conscientemente. Também podemos entender como sintonia de comportamentos.

Na comunicação humana, as pessoas reagem inconscientemente a cada movimento, postura e forma de expressão da outra pessoa. Quando há empatia, as pessoas assumem posturas corporais semelhantes, tonalidades, volumes e velocidades de fala e voz também semelhantes, e conseguem se entender com facilidade.

Lembre-se de um almoço em família, normalmente todos conversando, sorrindo e falando alto. Estão todos em harmonia, estão todos em *rapport*. Se alguém quiser falar terá que falar alto também, caso contrário, não receberá atenção.

Agora imagine você falando baixo e lento com seu cliente. Ele por sua vez, fala alto e rápido. É fácil notar que uma conversa dessa não está harmonizada. O ser humano se sente bem quando está próximo de pessoas semelhantes a ele. Para que seu cliente se sinta bem com seu atendimento, use também a técnica do espelhamento, fale e comporte-se de maneira semelhante a dele. Evite exageros.

Espelhamento

Técnica da programação neurolinguística para criar o *rapport* (harmonia). Você deve espelhar, sutilmente, os principais comportamentos do cliente. Se ele estiver falando alto, eleve um pouco seu tom de voz.

Acompanhe gestos e postura dele. Se for uma pessoa sorridente, sorria mais. Se for uma pessoa séria, seja mais recatado.

Em resumo, seria como se seu cliente estivesse ouvindo e dançando uma música e você tentasse ouvir essa música e dançar no mesmo ritmo que ele.

Veja algumas regras básicas amplamente aceitas – apresentadas por Joseph O'Connor – de tipos comuns de comportamento e o que significam; ou seja, o que o cliente está pensando ou sentindo em cada caso:

Abertura	• Mãos abertas • Tirar o casaco, paletó • Aproximar-se • Inclinar-se para a frente (interesse) • Descruzar as pernas • Braços cruzados suavemente sobre as pernas
Entusiasmo	• Pequenos sorrisos • Corpo firme e ereto • Mãos abertas, braços estendidos, olhos alertas • Voz bem modulada e com energia
Defesa	• Corpo rígido • Pernas ou braços cruzados fortemente • Contato visual reduzido • Lábios contraídos • Cabeça baixa, com o queixo sobre o peito • Punhos cerrados • Dedos entrelaçados sobre braços cruzados • Jogar-se para trás na cadeira
Raiva	• Corpo rígido • Punhos cerrados • Lábios fechados com força • Contato visual continuado • Pupilas dilatadas • Cenho franzido (vincos da testa) • Respiração rápida
Alerta	• Inclinar-se para a frente • Colocar as mãos sobre as coxas • Corpo relaxado, mas rosto alerta • Ficar em pé com mãos na cintura, pés levemente separados
Avaliação	• Cabeça levemente inclinada para o lado • Sentar na ponta da cadeira e inclinar-se para a frente • Mão na parte da frente do queixo ou na bochecha • Coçar o queixo ou a barba

Nervosismo	• Limpar a garganta • Morder (lábios, unha, dedo, etc.) • Cobrir a boca quando fala • Puxar o lóbulo da orelha • Abrir os olhos • Fazer caretas • Contorcer mãos ou lábios • Boca entreaberta • Brincar com objetos • Ficar trocando o peso de uma perna para a outra (quando em pé) • Tamborilar os dedos • Ficar mexendo o pé
Suspeita	• Pouco contato visual • Resistência ao "olho no olho" • Olhar para os lados ou por sobre o ombro • Coçar o nariz • Olhar por sobre os óculos
Rejeição/ dúvida	• Coçar o nariz • Coçar os olhos • Franzir o cenho • Pernas e braços cruzados • Limpar a garganta • Esfregar as mãos • Levantar as sobrancelhas
Confiança/ autoridade	• Jogar-se para trás na cadeira com as mãos atrás da cabeça • Cabeça alta, com queixo levantado • Contato visual firme, sem piscar

Lembre-se: quando alguém disser que ouvir é a parte mais importante da venda, ela não está errada, mas não se esqueça de que o corpo também fala.

Aqueles profissionais de vendas mais antigos certamente já ouviram falar em programação neurolinguística ou até mesmo fizeram cursos sobre o assunto. Por isso, cuidado com opiniões dizendo que programação neurolinguística não funciona ou é algo antigo. Realmente, as técnicas têm muitos anos, mas são extremamente atuais e aplicáveis.

Portanto, quando tiver oportunidade de ler mais sobre o assunto, não pense duas vezes nem se lembre de opiniões pouco qualificadas. Pague o preço necessário para adquirir conhecimentos úteis e de qualidade e você nunca se arrependerá.

Indagaram a Bunker Hunts, bilionário do petróleo do Texas, qual conselho ele daria às pessoas sobre como ser bem-sucedido. Ele respondeu: "O sucesso é simples: primeiro você decide com precisão o que quer; segundo, decide que pagará o preço para fazê-lo acontecer; então, paga esse preço". (Citado por Francisco Dirceu Barros, em *Carta aos Concursandos*.)

Dicas para aumentar as vendas

Como você deve ter percebido, este não é um livro especificamente de técnicas de vendas. Entendemos que um profissional se torna completo com muito mais do que apenas técnicas de vendas.

Agora, não estaríamos sendo vendedores se não lhe apresentássemos algumas dicas para aumentar seus fechamentos de vendas. E para apresentar essas dicas de maneira mais didática, usaremos as conhecidas e principais etapas da venda.

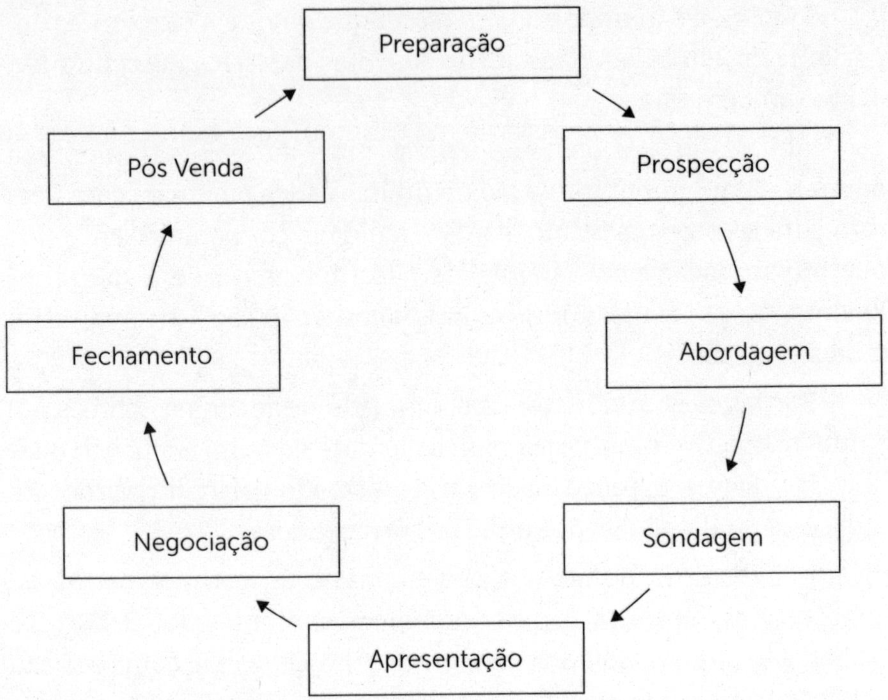

Preparação

É o momento de planejar e preparar sua rotina. É tudo aquilo que deve ser feito antes de iniciar o atendimento.

- Investigue o "rastro" de seus concorrentes no Google.
- Estude o máximo que puder sobre aquilo que você vende e seus concorrentes, pois os clientes certamente farão o mesmo.
- Informe-se sobre os clientes/*prospects* antes de visitá-los.
- Não importa como, mas crie ou aperfeiçoe seu planejamento semanal.

Em vendas ganha mais quem se preparar melhor. E praticamente tudo o que escrevemos neste livro tem relação direta com sua preparação.

Prospecção

É o momento de saber procurar melhor novos clientes potenciais.

A prospecção é necessária, no mínimo, para manter a base de clientes, pois existe uma perda natural de clientes com o passar dos anos por diversos motivos.

Defina exatamente para qual tipo de cliente você quer vender, onde estão e como chegar até eles. Relacionamos aqui alguns critérios para classificá-los: idade, sexo, renda, classe social, localização, costumes, hábito de compra, porte de empresa, tamanho médio de pedido, área de atuação etc.

Encontre clientes potenciais na internet, em feiras, entidades, associações, sindicatos, revistas e catálogos segmentados, além de buscar indicações de atuais clientes e amigos. E se encontrar um cliente altamente potencial, como o exemplo do vendedor de baterias citado acima, trace suas estratégias de prospecção e seja persistente.

Defina em sua agenda de horários quando fará prospecção.

Aprenda com este fantástico exemplo de preparação e prospecção do Frank Bettger, um dos melhores vendedores dos Estados Unidos. Em seu livro *Do fracasso ao sucesso em vendas*, ele fala sobre uma análise detalhada em seus rigorosos registros de visitas e conversões de vendas.

Primeiramente ele identificou que fez 1.849 visitas durante um ano e que recebeu um total de 4.251,82 dólares de comissão. Quando se sentia desencorajado nas próximas visitas, lembrava que cada visita valia 2,30 dólares e não era perda de tempo.

Segundo seus registros, 70% de suas vendas eram feitas na primeira visita, 23% na segunda e 7% na terceira ou depois. Ele percebeu que 50% de seu tempo era utilizado para ir atrás dos 7%. Mas por que se incomodar por 7%? Então ele passou a se dedicar totalmente às primeiras e segundas visitas e com essa decisão aumentou o valor de sua visita de 2,30 para 4,27 dólares.

> “Encontre clientes potenciais na internet.”

Imagine praticamente dobrar sua comissão após criteriosa análise de seus números e tomar uma decisão inteligente em relação a eles. Frank Bettger conseguiu tudo isso por trabalhar forte sua preparação. E se alguém foi capaz de fazer algo, você também é.

Abordagem

É o primeiro contato. São os primeiros instantes marcantes com o cliente/*prospect*. Além disso é a etapa mais rápida da venda e muitos não dão a devida importância para esse momento. Talvez você já tenha saído de uma loja ou de um restaurante logo depois de ter entrado. E fez isso por não ter recebido a abordagem que esperava.

Tenha em mente sempre o semáforo inconsciente do cliente que apresentamos quando falamos em programação neurolinguística. Normalmente a abordagem é o momento em que o cliente está com a luz vermelha acesa. Vá com calma. Logo no início do processo de compra, o cliente está desconfiado e com diversas dúvidas. Sendo assim, é o pior momento para pressioná-lo a comprar algo. O objetivo nesse momento é conquistar a confiança dele e deixá-lo tranquilo para conhecer e entender melhor os produtos e serviços oferecidos.

- Quando o cliente for até você – Não diga “pois não, posso ajudar?” A maioria dos profissionais usa esse modelo de abordagem. Diga algo como: “Seja bem-vindo à loja... Meu nome é... Se precisar de algo, estou à disposição”.
- Quando você for até o cliente – Logo no início do encontro é o momento do famoso “quebra gelo”. Evite dizer “olá, como estão as coisas/vendas/negócios?” ou “e aí, muita correria?”. Em 95% das vezes a resposta será uma reclamação ou algo negativo. E assim você iniciaria o diálogo baixando a motivação e o ânimo do cliente apenas com uma pergunta. Faça algum

comentário positivo, como: "olhei seu site, muito interessante!"; "seus auxiliares me receberam muito bem!"; "suas recepcionistas são muito educadas!"; "sua dica para chegar aqui foi ótima e facilitou meu acesso, obrigada!"; "muito interessante a fachada da empresa!".

Sorria! Um rosto sorridente evoca mais alegria no sujeito-alvo, gera uma atitude mais positiva e aumenta a possibilidade de novos negócios. Rostos sorridentes motivam as pessoas subconscientemente a comprar mais.

Vender é uma construção. É organizar o pensamento do cliente. Sendo assim, no momento da abordagem, controle a ansiedade e a vontade de vender e avance aos poucos.

Sondagem ou levantamento de necessidades

Momento de investigação por meio de perguntas inteligentes.

É o momento de fazer o levantamento de necessidades, desejos, expectativas e problemas que o cliente busca resolver.

Frequentemente empresas buscam treinamentos com o foco em fechamento de vendas. O grande segredo sobre o baixo nível de fechamentos de vendas está na sondagem. Profissionais de vendas não fecham mais vendas por negligenciar a etapa mais relevante da venda: a sondagem.

Conquiste o direito de perguntar. As pessoas são muito desconfiadas e podem não entender o motivo de tantas perguntas logo no início. Então, antes de começar a sondagem, valide com o cliente e conquiste o direito de perguntar dessa maneira: "Para que eu possa lhe apresentar o produto/serviço mais adequado às suas necessidades, preciso lhe fazer algumas perguntas, tudo bem?". Assim, você abrirá a porta da sondagem. Além de explicar o que fará, passará credibilidade, segurança e respeito ao cliente. Coloque em prática isso amanhã mesmo e perceberá a diferença.

Aumente a qualidade das respostas do cliente fazendo perguntas abertas como: "poderia me falar mais sobre..."; "qual sua opinião sobre...". Agora, mesmo que o cliente relate suas necessidades, antes de oferecer algo, certifique-se de que não faltam informações relevantes. Nem sempre o cliente fala tudo ou sabe exatamente o que falar. Então, depois que o cliente terminar de falar, pergunte: "Além disso que você falou, mais alguma coisa?".

Tenha certeza de que sempre haverá algo a mais para o cliente lhe falar, basta você perguntar e gerar o estímulo. Quando você não consegue extrair uma informação importante do cliente, significa que a pergunta pode melhorar. Por exemplo, para saber o valor que o cliente está disposto a gastar, muitos vendedores perguntam: "Quanto você gostaria de investir?". E a maioria dos clientes não responde.

Então, tornando essa pergunta mais inteligente, ficaria assim: "Você imaginou uma faixa de valor aproximada de investimento?". "Imaginou." Se a pessoa não tinha imaginado, imaginará no momento da pergunta, pois a palavra "imaginar" é praticamente um comando. "Faixa." Ninguém define um valor exato para gastar, mas sim de tanto até tanto; uma faixa de valor de investimento fica mais fácil para responder. "Aproximadamente." Atenua a pergunta.

Apresentação, proposta de valor

Momento de apresentar produtos e serviços de maneira persuasiva e instigante.

Mesmo que você tenha a certeza absoluta de que o produto ou o serviço indicado por você, profissional de vendas, seja o ideal para o cliente, ele pode não perceber isso. Tenha muita atenção e vontade de falar nesta etapa.

> "Vender é uma construção."

Quando o que estiver apresentando for algo com muitas informações e o cliente dispõe de pouco tempo, use a técnica que Steve Jobs usava. Diga algo como: "Eu poderia lhe falar muito sobre este... Mas vou lhe falar três pontos fundamentais: o primeiro é que... O segundo é... E o terceiro...".

A falha no uso desta técnica está em não falar as palavras: "primeiro", "segundo" e "terceiro". Isso faz com que o cliente fique tentando identificar se o vendedor está falando sobre o segundo ou o terceiro argumento e não preste atenção no significado do que está sendo dito.

Falar frases como "temos qualidade", "é a melhor relação custo-benefício" e "confie em mim" não funciona mais; todos falam isso.

A solução é falar "o quê" e "por quê". Por exemplo: "Temos qualidade porque possuímos certificação ISO 9001 e nossos técnicos são treinados na fábrica".

Características técnicas interessam menos do que os benefícios que os produtos e serviços fazem por nós. Sendo assim, fale sobre os benefícios.

Responda à pergunta quase inconsciente do cliente: "O que eu ganho com isso?". Fale sobre o ganho que o cliente terá com determinada compra.

Talvez você já tenha ouvido falar que preço é o que pagamos e valor é o que recebemos. Para atenuar as tradicionais reclamações sobre preço alto, use perguntas que fazem o cliente dar mais valor ao que está sendo apresentado e oferecer menos resistência ao preço. Conheça alguns exemplos de perguntas de valorização:

- "Você percebeu este acabamento de alumínio que evita oxidação?"
- "Este modelo foi considerado pela revista... a melhor compra do ano por três anos consecutivos. O senhor sabia disso?"
- "A senhora sabia que nossa empresa tem mais de cinquenta anos no mercado, com milhares de clientes atendidos em sua cidade?"

- "O design desse produto foi desenvolvido pelo designer italiano... Qual sua opinião, lhe agradou?"

Crie seu principal argumento utilizando as necessidades e os desejos relatados pelo cliente na etapa da sondagem, como: "Como o senhor disse que precisa de mais espaço e tem pouco para investir no momento, este modelo tem lugar para sete pessoas e está com preço abaixo da tabela da fábrica até o fim da semana".

Esteja preparado para a contra-argumentação dos clientes. Frequentemente, eles visitam diversos sites, consultam várias empresas, estudam o mercado antes de tomar alguma decisão. Dessa maneira eles passam a conhecer profundamente o que querem comprar e, depois de ouvirem seus argumentos, vão contestá-los.

A contra-argumentação, muitas vezes, é a própria objeção do cliente. E objeções são as dúvidas e inseguranças que impedem o fechamento. Não avance sem eliminar ou neutralizar as objeções dos clientes.

Muitos deles dizem que está caro ou precisam pensar mais um pouco, não é mesmo?

Tenha sempre em mente que muitas pessoas são tímidas, caladas, desconfiadas etc. Tudo isso pode impedir que o cliente não lhe diga todos os reais motivos para não comprar de você. Então, vá atrás das objeções, use novamente o "além disso" para estimular o cliente a relatar melhor suas objeções, e procure eliminar todas as objeções para ir para a etapa do fechamento ou da negociação.

Negociação e fechamento

Quando as condições de venda são relativamente rígidas, ou seja, não há o que negociar, como lojas do varejo ou hipermercados, a negociação praticamente é inexistente, restando ao profissional de vendas usar suas técnicas de fechamento.

Em outros casos, como venda de serviços de consultoria, contratos de longa duração, venda de imóveis, situações em que os valores negociados são elevados, sempre haverá negociação.

Talvez você já tenha percebido que uma negociação rápida demais pode deixar em quem comprou o sentimento de que poderia ter pagado menos, e em quem vendeu o de que poderia ter cobrado mais.

Independentemente de você trabalhar com negociação ou somente fechamento, registraremos aqui uma grande dica: o sentimento de ganho, após o fechamento do negócio, deve sempre ficar com quem compra, pois o arrependimento ou o sentimento de não ter sido uma boa compra evitará o retorno desse cliente.

Certa vez, em uma revenda de automóveis importados, depois de quatro horas de negociação e de o gerente conceder um jogo de tapetes com acabamento diferenciado, o cliente decidiu pela compra de um carro de mais de 100 mil dólares. O preço do brinde foi inferior a 0,2% do preço do carro. Certamente se fosse oferecido um desconto de 0,2% esse cliente se ofenderia. Afinal, todos nós sabemos, que os decisores de compra são inúmeros e muito além do preço. Faça seu cliente perceber que foi um excelente negócio para ele.

A persuasão deve ser utilizada durante todo o processo de venda. Mas normalmente, quando o assunto é preço, entram os números e nos esquecemos dela. Mesmo quando o cliente reclamar de preço, taxa de juros, frete, tempo de entrega, valor da parcela, seja persuasivo. Veja alguns exemplos:

- O cliente reclama do preço de uma torneira: "Como o senhor me falou, essa torneira é menos de 1% do valor de sua casa. E sua casa e sua família merecem esse requinte, concorda comigo?".
- O cliente reclama de ter que pagar juros: "É apenas uma correção que o banco nos cobra; simplesmente estamos repassando para poder viabilizar o parcelamento. Afinal, hoje em

"A persuasão deve ser utilizada durante todo o processo de venda"

dia pagamos juros sempre que alguém nos empresta dinheiro, não é mesmo? Isso acontece em sua conta bancária, seu cartão de crédito, na conta de luz e em diversas outras situações".

- O cliente reclama do prazo de entrega longo: "Assim como a senhora, eu também gostaria de receber esse produto mais rápido se estivesse comprando-o. Agora veja: só de garantia, oferecemos três anos. E eu tenho certeza de que o produto ficará na sua casa por no mínimo uns dez anos. Então a senhora deve concordar comigo que vale a pena esperar apenas mais sete dias, não é mesmo?".
- O cliente reclama do valor da parcela: "A parcela até pode ter ficado um pouco acima de sua expectativa. Mas serão apenas dez parcelas; menos de um ano para ter este excelente produto que poderá durar quase toda a vida...".

Resumindo, mesmo no momento da negociação, próximo ao fechamento, o cliente terá conflitos e precisa se convencer de determinadas condições diferentes do que buscava. Isso não significa que ele não comprará. Então, argumente persuasivamente em todas as etapas da venda até o fim. Não se entregue.

Encerrando esta etapa, lembre-se dos quatro erros do fechamento:

- **Não buscar o fechamento –** É quando o cliente diz que vai pensar e o vendedor aceita sem argumentar ou perguntar algo como: "Quem sabe pensamos juntos, afinal o senhor já gastou seu tempo vindo até aqui. O que mais eu poderia lhe falar ou responder?".
- **Buscar o fechamento cedo demais –** É quando o cliente ainda está perguntando, com dúvidas e objeções, e o vendedor avança o sinal vermelho tentando buscar o fechamento. Isso provavelmente afastará o cliente e esfriará a venda.

- **Forçar o fechamento –** É quando o vendedor força o fechamento e o cliente, acuado, acaba aceitando. Provavelmente ele voltará dias depois arrependido para trocar ou não retornará para futuras compras; como todos sabem, ninguém gosta de ser pressionado.
- **Continuar falando sobre o produto ou o serviço após o fechamento –** Se isso ocorrer, o cliente ficará desconfiado, pois se ele já disse que comprará, por que o vendedor continua a falar sobre o produto? Além disso, o vendedor poderá falar algo que o desagrade alterando sua decisão pela compra.

Pós-venda

Muitas empresas entendem o pós-venda como o setor de reclamações. E diversos vendedores não fazem contato após a venda com seus clientes com receio de detectarem algum problema.

Porém uma das funções do pós-venda é justamente esta: identificar possíveis falhas e corrigi-las para manter o cliente satisfeito.

Nesse caso é bom lembrar que o custo de manter um cliente é infinitamente menor do que o de reconquistá-lo. Afinal, quanto você poderá deixar de ganhar por ano ao perder um importante cliente?

Se você pensou que é um valor significante, organize-se para ir atrás de seus clientes mais importantes, pois eles são valiosos.

Nosso recado sobre pós-venda é simples: pós-venda é lembrar-se do cliente.

Dicas gerais complementares

Ajude o próximo

Quando falamos sobre "o próximo", temos dois enfoques possíveis. O primeiro é a visão do próximo como alguém que pode nos dar um retorno, uma opinião sobre como estamos indo. Aqui entram todas as pessoas com as quais você convive. O segundo enfoque é a visão que você tem de seus colegas de trabalho. Se você os vê como aliados ou concorrentes.

Ajudar ou não ajudar um colega de trabalho? Eis a questão!

Lembra-se daquela pessoa que nunca ajudava as outras? Ou de quem não dava orientações e dicas para ninguém, não emprestava seu material de trabalho, livros, artigos, como se neles estivesse escrita a fórmula para transformar chumbo em ouro – ou *prospects* em clientes? Você é essa pessoa?

Quando algum colega falta a uma reunião ou a uma convenção de vendas, você tem a boa vontade de passar a ele o que foi apresentado?

Quanto mais você ajudar outras pessoas, mais você se ajuda. Lembre-se sempre disto: no mínimo, a gente aprende quando ensina alguém.

Seu colega de trabalho é um amigo ou um inimigo? Como é você como colega de trabalho?

É impressionante que ainda existam pessoas que trabalhem em uma mesma empresa e briguem – muitas vezes até com agressões físicas –, com alegações como “ele roubou o meu cliente”. Dá para acreditar?

Por vivermos em uma sociedade extremamente competitiva, algumas pessoas passam a considerar o colega de trabalho como um adversário, pois muitas vezes disputam o mesmo cliente.

A partir dessa visão belicosa da vida, alguns passam a ir para o trabalho como se estivessem indo para um campo de batalha, onde devem se proteger de todos os adversários e, se possível, tirar alguma coisa deles. Pode parecer brincadeira, mas presenciei gente ensinando colegas intencionalmente de modo errado, ou emprestando catálogos de produtos desatualizados, com o objetivo de levar vantagem sobre o outro nas negociações com os clientes.

Quem assume essa atitude, em vez de crescer cria uma série de bloqueios que o prejudicará. A começar pela perda de um ambiente agradável de trabalho e de convivência. Essa pessoa utiliza sua energia e criatividade para evitar que o outro venda mais e não para ter mais sucesso.

> “Quanto mais você ajudar outras pessoas, mais você se ajuda.”

Repare nessas pessoas e veja como são caladas, carrancudas, desconfiadas. Veja suas expressões faciais e como aparentam estar quase sempre de mau humor. As pessoas, naturalmente, não se sentem muito bem perto delas. Temos certeza de que você conhece alguém assim.

Aprenda a aproveitar a força de equipe, junto a seus colegas de trabalho, para enfrentarem juntos os desafios da venda. Um ajudando ao outro, todos sairão vencedores, cada qual em seu tempo.

Quanto mais você dá, mais você recebe. Esta é uma lei espiritual. Quanto mais você ensina, mais você aprende. Quanto mais você ajuda, mais você é ajudado. E se seu colega não entende isso, não espere que ele mude. Comece você dando o exemplo. Aproxime-se dele, comece a política da boa vizinhança dando bons exemplos para contagiá-lo.

Relaxe e sintonize-se com o cliente e a venda

É muito comum estarmos com a cabeça cheia de pensamentos quando iniciamos uma reunião de vendas. Ou seja, não estamos totalmente concentrados e focados naquilo que devemos fazer.

Aqueles profissionais que, por exemplo, visitam clientes, dirigem às vezes horas para chegar ao local da negociação, e precisam se recompor e focar em seu objetivo antes de iniciar a venda.

Então é preciso, ao chegar ao endereço, evitar desligar o carro, descer imediatamente e se dirigir ao cliente. É melhor parar um pouco, respirar, lembrar-se do que deverá fazer.

Relaxe, mentalize suas próximas ações. Em outras palavras, desconecte-se do trânsito e dos desafios da viagem e se conecte no que virá pela frente, no cliente e na negociação.

Também para os profissionais que recebem o cliente na empresa, pessoalmente, ou que negociam por telefone, é importante observar essas recomendações.

A orientação é simples: procure desconectar-se do que estava fazendo e conecte-se no que virá. Como se trocasse de estação de rádio, como se trocasse o canal da TV. E fique pronto para estar totalmente dedicado ao cliente.

Programe-se positivamente

Quando as vendas começarem a ir cada vez melhor (e esse é o objetivo de nosso trabalho, nossos esforços):

- Alegre-se por estar colhendo o que vem plantando.
- Mantenha uma programação positiva, otimista. Aceite que as coisas deem certo. Afinal, as coisas podem e devem dar certo.
- Aproveite o bom momento para identificar falhas que ainda possam estar ocorrendo, procurando aperfeiçoar sua vida e sua rotina de trabalho para evitar problemas futuros. Ou seja, após agir e ter algum bom resultado, reavalie, analise e realize eventuais ações corretivas, se elas forem necessárias.
- Sempre é possível melhorar. Combine a satisfação, a alegria e o contentamento já alcançados com uma busca otimista por novos aperfeiçoamentos e melhoras.
- Aproveite o dia (*carpe diem*).

A grande **jogada**
é **aprender**

com **seus erros**

Dentro da cultura em que vivemos hoje, o que importa é vencer, ter dinheiro, ser famoso, estar "na crista da onda". O que se esquece, e os profissionais do marketing alertam para isso, é que, um dia, a onda acaba e você pode acabar morrendo na praia.

Por outro lado, aprendemos que derrotas nos ensinam, derrotas nos fazem meditar, derrotas exigem paciência, fortaleza, persistência. Derrotas exigem do derrotado a capacidade de superar-se, de melhorar, de tentar mais uma vez. Sob esse aspecto, perder ensina muito mais do que vencer.

É preciso saber vencer e saber perder. Ao vencer, é preciso humildade e cautela. O fato de ter sido vitorioso hoje não nos assegura a vitória amanhã. Cada jogo é um jogo, cada campeonato é um campeonato, e competir é o que nos torna cada vez melhores.

Ao perder, é preciso não se abater, treinar mais, aprender mais, tentar mais uma vez.

Não fechar uma venda exige a mesma disciplina que se espera de um atleta que não venceu. Afinal, quantos vendedores estavam tentando vender para aquele cliente? Cinco? Dez? Mas somente um fechou a venda. É assim mesmo. E se não foi você quem vendeu, não se esqueça de que você perdeu aquela venda, mas não o cliente, pois ele continua vivo e poderá precisar comprar em outro momento algo que você vende. E, dependendo de seu atendimento, mesmo que ele não tenha comprado com você, ele poderá, por exemplo, indicá-lo para outras pessoas.

O que nossa sociedade não tem correta noção é de que a derrota traz em si um conteúdo didático, um legado de experiência e crescimento. Sob esse aspecto, em cada derrota esconde-se um elenco de vitórias, e a semente e a possibilidade de uma vitória no futuro. Tudo desde que se compreenda a grandeza de perder e de se persistir até vencer.

Sem medo da derrota ou do erro

Exatamente por vivermos em uma sociedade que enaltece apenas o triunfo, sem compreendê-lo bem, muitos passam a ter medo de tentar porque cada tentativa traz em si a possibilidade da vitória ou da derrota, do acerto ou do erro.

O pavor diante do erro e da derrota se torna algo tão profundo que a pessoa prefere não tentar e eventualmente ser derrotado ou errar. Por esse motivo, muitos se sentem no limbo cinzento do comodismo, do receio e do medo porque não querem correr o risco necessário para acertar.

Quem nunca teve medo de vender? Mas o que poderá acontecer se não vender? Nada. Isto mesmo, se aquela pessoa que você está tentando vender não comprar, o máximo que acontecerá é que ela continuará não sendo sua cliente, somente isto.

Agora você poderá ter medo, não de encarar o cliente, mas de não conseguir vender e ficar sem receber sua comissão ou atingir sua meta do mês. Neste caso, tudo que foi escrito neste livro lhe ajudará para que isto não ocorra.

Se você não tentar, continuará com o "não" que é a opção que todos nós já temos. O que resolve é ir atrás do "sim".

Atitudes diante da vitória

Um erro ou uma derrota devem ser vistos como oportunidades de aprendizado, não como experiências negativas; são apenas experiências. O único erro inútil é aquele do qual não aprendemos nada, do qual não tiramos nenhuma lição.

Todas as situações possuem aspectos positivos e negativos: valorizar como lado bom apenas o acerto e a vitória, o erro e a derrota como o lado negativo é desperdiçar oportunidades. É preciso alertar os vencedores dos riscos da vitória e consolar os derrotados com as virtudes da falha.

Fique atento para momentos de muito sucesso nas vendas, nunca perca a humildade e não entre no clima do "já ganhei" ou "eu sou o bom". É comum vendedores diminuírem seus resultados em meses posteriores aos que venderam muito bem por relaxarem em sua atenção com as vendas.

Faça o seu melhor, persista até vencer e não se iluda com a vitória ou com a derrota. Trate-as igualmente como uma oportunidade que você pode usar para construir o caminho para o sucesso maior.

O aprendizado e o esforço pessoal é que são as verdadeiras conquistas. Sempre é melhor agir, errar e buscar aprender do que ficar paralisado pelo medo de falhar.

A ideia libertadora do "é possível"

Foi muito comentado que pelas leis da aerodinâmica o besouro não poderia voar: seu corpo é muito grande, suas asas pequenas etc. Contudo, o besouro voa. Brinca-se que ele o faz porque não estudou Física e não sabe que não pode voar. Assim, ele não se limita pela ideia da impossibilidade.

Não se limite pela ideia da impossibilidade. A crença na possibilidade gera a capacidade interior para trabalhar, persistir e conseguir realizar.

Existem pessoas que deixaram de ser algo que sonharam porque deixaram de acreditar que podiam ser. Essas pessoas no fundo não se esforçam porque, também no fundo, não acreditam sinceramente que podem. Este tópico tem muito a ver com o início deste livro, quando se fala que é imprescindível acreditar que o objetivo pode ser alcançado.

As pessoas olham o sonho, o objetivo, as metas, com um respeito tão grande que os veem longe, muito longe, tanto que é quase impossível chegar lá. Não faça isso: não imagine o objetivo como algo impossível. Veja-o, toque-o, sinta-o, ouça-o e perceba-o. Não se limite pela ideia da impossibilidade. Motive-se pela possibilidade.

O futuro é hoje

Estabeleça uma relação harmoniosa entre o desempenho obtido no passado e o pretendido no futuro. Visualize e mentalize sempre o que quer obter no futuro. Adquira uma atitude positiva em relação a eventuais reveses, e prudente diante dos cada vez mais numerosos triunfos.

Mantenha uma constante atitude de aprendizado. Trate a vitória e a derrota, o erro e o acerto, com a mesma serenidade.

Não tenha medo de tentar, errar ou perder. Trabalhe diligentemente para acertar e vencer. Tenha autodisciplina para procurar fazer sempre e cada vez melhor. Tenha acuidade para competir apenas com o próprio desempenho e comparar seu rendimento passado com o presente e o presente com o futuro. É fácil vencer os outros. Vencer a si mesmo é que constitui o grande desafio.

Acredite somente nas possibilidades e não na impossibilidade. Não desista. Persista até obter êxito. Faça as coisas acontecerem.

Nunca espere que a motivação chegue até você

Só existe uma pessoa no mundo capaz de motivá-lo: você mesmo. Ainda que sejam utilizados os melhores e mais avançados recursos para motivá-lo, você poderá dizer "não" e decidir permanecer desmotivado. Só você tem a chave de sua motivação. E é você quem decidirá se abre ou não a porta de entrada.

O problema é que muitos profissionais de venda esperam que sua motivação venha de fora: do cliente, da empresa e sabe-se lá de quem mais. E enquanto eles esperam pela motivação, a concorrência toma conta do mercado.

Certa vez, ao sair de uma reunião de vendas na qual o gerente havia entregado um bombom para cada vendedor, duas vendedoras conversavam. Uma disse: “Que legal, um bombom para cada um!”. E a outra retrucou: “Ele acha que vai nos comprar com um bombom?”.

Nesse caso, como você deve ter concluído, a primeira vendedora aceitou o estímulo e se motivou, mas a outra preferiu deixar a porta da motivação fechada.

Motivação é a disposição para agir. E uma pessoa motivada é mais feliz e produtiva.

Todos nós precisamos de motivação. Ela é o que nos anima, o que nos faz “segurar a barra” nas horas mais difíceis e recomeçar quando algo dá errado.

Uma empresária do nosso meio profissional certa vez nos confidenciou que a principal motivação do trabalho que fazia era seu filho de cinco anos. Ela disse: “Quando fico desanimada nos momentos mais difíceis e penso em desistir do que faço, lembro-me de meu filho e que quero pagar a melhor universidade para ele estudar. E isso me motiva a redobrar os esforços.”

Por isso, tenha sempre uma razão para estar motivado. Tenha um motivo para fazer aquilo que você se propôs fazer.

E você, como busca motivar-se?

Talvez você tenha formas semelhantes às que serão citadas a seguir, ou as suas podem ser formas diferentes de motivação. Não importa.

O mais importante não é como você busca motivar-se, mas sim que você tenha de fato definido formas de ter motivação constantemente.

Que fique bem claro: a motivação é pessoal. Só você pode dizer o que lhe dá ânimo para trabalhar e prosseguir. As outras pessoas podem ajudar sim na sua motivação e poderão até dá-la de presente para você, desde que aceite.

A primeira motivação é cuidar bem de si mesmo e sempre buscar a felicidade. Lembre-se de que você passará o resto da vida "consigo", que pode se livrar de quem quiser, de qualquer coisa, menos de você mesmo. Por isso, cuide bem de sua mente, do seu corpo, dos seus projetos, dos seus sonhos, do seu presente e do seu futuro.

Existem outras motivações para você agregar à sua caixa de ferramentas motivadoras. Eis algumas delas:

- **Deus** – Acreditar em algo superior, independentemente de religiões, para muitas pessoas é uma fonte de ânimo e consolo, de força para viver e prosseguir. Além disso, se você for uma pessoa com sucesso profissional e capaz, poderá servir ainda melhor ao trabalho que se propõe a fazer em nome de Deus. Servir a Deus, ou ser ajudado por Deus, portanto, é um bom motivo para agir e valorizar o trabalho e a conquista.
- **Família** – Ajudar a família, ter dinheiro e tempo para o cônjuge, filhos, pais, irmãos, é uma das mais fortes injeções de disposição para o trabalho. Educar filhos proporcionando-lhes estudo, saúde e bem-estar, além de estar com eles o máximo de tempo possível, é uma forte fonte de motivação.
- **Amigos** – O que seria de nossa vida se não fossem os amigos? Com quem compartilharíamos nossas angústias ou vitórias? Onde buscaríamos apoio quando o problema está dentro de casa, na família? Para a grande maioria das pessoas é quase impossível ser feliz em uma vida sem amigos.
- **Riqueza** – Existem muitas formas de riqueza, sendo o dinheiro a menor delas. Paz, saúde, equilíbrio, família, sucesso, fama, ser benquisto e admirado, todas estas são formas de riqueza que podem ser escolhidas por você e servirem como estímulo para que você seja cada vez melhor naquilo que faz.

- **Dinheiro** – Este não deveria ser o motivo principal de uma escolha ou sua principal motivação, mas é perfeitamente lícito e digno a pessoa querer ganhar mais dinheiro para obter maior segurança, conforto e tranquilidade. O importante é que seja dinheiro honesto. O dinheiro serve para comprar muitas coisas úteis e prazerosas. Serve inclusive para ajudar outras pessoas. Assim, se você quer trabalhar e vender mais para ter mais dinheiro para gastar consigo, com sua família, com bons investimentos, tudo bem, é um ótimo motivo.
- **Tempo** – Quanto melhor você trabalhar e quanto mais resultado tiver, mais tempo você terá para fazer as outras coisas que lhe dão prazer. E as fará com mais tranquilidade e segurança. Muitas vezes, para realizar palestras e treinamentos precisamos viajar e ficar semanas fora de casa. Mas sempre é preciso ter a certeza da volta e de reservar alguns dias livres para passar com a família. Lembre-se disto quando o desânimo começar a aparecer: momentos especiais ao lado da família costumam ser motivadores bastante potentes.
- **Solução de problemas** – O aumento da remuneração em função de maior resultado positivo nas vendas poderá servir para pagar uma dívida, livrar-se do aluguel, pagar um tratamento médico entre diversos tipos de problemas. E isso é muito motivador.

Motivação é tarefa de todos os dias! É como andar de bicicleta: se parar de pedalar, você provavelmente cairá no chão.

Todo profissional de venda poderá ter momentos de euforia, momentos normais, de desânimo e vontade de desistir. Sabendo disso de antemão, procure se preparar para os dias de poucos resultados e muitas negativas nas vendas: eles virão e você precisará aprender a lidar com eles. Não desista, aceite que o “não” faz parte do dia a dia da venda.

> “Motivação é tarefa de todos os dias!”

Em nossas palestras, dizemos que o profissional de venda deve ser seu próprio *personal trainer*, ou seja, é ele mesmo quem ficará se orientando e estimulando-se para perseguir a meta, não desistir e continuar buscando novos clientes.

Dica para motivação

Uma dica importante é estar perto de pessoas com alto astral, animadas, otimistas e com objetivos semelhantes aos seus e resultados positivos.

Evite o contato com pessoas que não estejam trabalhando por seus sonhos, que vivam reclamando de tudo, que não queiram nada.

Escolha as pessoas com as quais você está em sintonia e que estejam na direção certa que você quer estar. O canário aprende a cantar ouvindo outro canário. E canários juntos cantam melhor. Esteja perto de quem cante bem e goste de cantar a mesma melodia que você.

Como **otimizar**

seu **sucesso**

Falar sobre como vender mais para obter vitórias e deixar de dizer qual o melhor conceito de vitória seria um erro. Por isso este é o capítulo mais importante do livro.

Não acreditamos que alguém em sã consciência queira vender mais apenas para vender, para ganhar um título de melhor vendedor, ganhar um *status*, para provar algo para si mesmo ou para outrem.

Estas são até boas motivações, mas é muito, muito pouco, em comparação ao fim mais nobre de tudo o que devemos fazer, que é alcançar a felicidade.

A capacidade de adaptar-se e buscar a felicidade é o melhor conceito de inteligência. Ser feliz é o propósito, e ser feliz não quer dizer necessariamente "ter sucesso" ou "ter dinheiro" na forma como isso é medido por nossa cultura e pela sociedade.

Assim, permita-nos, como amigos, falar um pouco sobre o que chamamos "otimização do sucesso". Ele, o sucesso, tanto quanto a dedicação e o tempo, pode render mais frutos e ser mais proveitoso.

O sucesso, quando desacompanhado de certos elementos, é algo bem próximo do fracasso, tendo ainda um agravante: aquele que não "venceu na vida" muitas vezes é infeliz e atribui tal estado a não ter isto ou aquilo, a não ser dono deste ou daquele bem ou algo assim. Quem chega a um bom patamar e ainda não soube encontrar a felicidade não tem sequer essa ilusão. Não é à toa que o índice de suicídios é tanto maior quanto maior o nível social e econômico.

Os abastados já têm dinheiro e com isso descobrem que ele não é garantia de felicidade.

A felicidade está em um ponto diferente do sucesso material e profissional. Embora estes possam ajudar, a felicidade mora ao lado, não na morada do sucesso. É preciso sair para a rua para encontrá-la, pois ela está à nossa espera. Precisamos abandonar nosso próprio castelo para achá-la.

O sucesso pessoal só é válido quando também é revertido para a família e a comunidade. Se não for assim, não passa de uma seca celebração do próprio egoísmo.

Permita-nos, como temos feito desde o início, dar mais algumas sugestões:

- Tenha em mente que há um objetivo a ser alcançado, mas que tão importante como ele é manter uma jornada de sucesso e com paz de espírito.
- É possível, por meio da dedicação, manter a paz de espírito mesmo em uma situação de esforço continuado na busca do objetivo.
- Ao alcançar seus objetivos, lembre-se da humildade e de ter a consciência de que nossa vida é "um vapor que aparece por um pouco, e logo se desvanece" (Tiago 4:14).
- Procure agradecer a Deus e a seus "ajudantes" (familiares, amigos e colegas) pelo sucesso alcançado.
- Procure partilhar seu sucesso, seu tempo e seus bens materiais com outras pessoas, inclusive com aquelas que não podem retribuir.

Todos nós somos a possibilidade daquilo que queremos ser no futuro e nossa vontade, se for suficientemente constante, transformará oportunidades em acontecimentos, em realidade.

Um acidente fez com que marinheiros do submarino soviético Kursk ficassem presos no fundo do oceano, sem chances de socorro.

Imagine essa situação. Eles devem ter pensado muito sobre o que a vida vale, para que serve, o que fariam se pudessem voltar e viver o que ainda estavam para viver.

Em nosso caso, amigo leitor, ainda estamos com as escotilhas abertas para o céu, com a chance de fazer o que mais nos interessa.

Mais do que objetivos a realizar ou já realizados, acreditamos que a vida vale pela nossa capacidade de estarmos sempre aprendendo, ajudando naquilo que couber e aproveitando o dia, o amor, as coisas que prezamos, a comida, o vinho do dia.

Embora nós tenhamos sugerido novos objetivos, pensamos que nenhum é maior do que ser feliz e espalhar a felicidade à sua volta.

Quando falamos que é preciso sair à rua para encontrar a real felicidade, falamos em sair de si mesmo, do egocentrismo. Mesmo que não seja uma opção de fé, ao menos seja a compreensão de que, como já disse Paulo Ramos: "A felicidade só é completa quando é coletiva".

Isto também nos foi dito, de forma parecida, por G. Bernard Shaw: "Neste ponto surge a possibilidade da contribuição, que não será nada além do que procurar repartir um pouco do que se tem com outras pessoas, quer sejam conhecidas, quer não". Você pode fazer isso por várias razões, como católico, evangélico, espírita, budista ou ateu – visando, por exemplo, à melhoria da sociedade. O importante é que você faça. Se não for por outro motivo, que seja pelo ensino do sábio Salomão: "Ao que distribui, mais se lhe acrescenta, e ao que retém mais do que é justo, é para sua perda" (Provérbios 11:24).

Dissemos anteriormente que as pessoas são sozinhas porque constroem muros em vez de pontes. A contribuição é uma forma de construir pontes. Procure dar algo de bom aos outros, não necessariamente seus conhecidos. Experimente reservar parte de seus ganhos para doação a algum orfanato ou asilo, por exemplo, ou para ajudar aquele amigo ou parente necessitado. E o "doar" não necessariamente precisa ser bens e valores. Pode ser a doação de seu tempo, dando atenção a pessoas necessitadas, ensinando pessoas a fazer aquilo que você sabe fazer bem, tornando importantes pessoas que se sentem insignificantes.

Khalil Gibran foi um filósofo, conferencista, escritor e pintor, com seu trabalho voltado para a simplicidade, a beleza e a espiritualidade. Entre tantas outras mensagens, ele nos deixou esta máxima: "Quando você dá de suas posses aos outros, você dá pouco; quando você dá de si mesmo, então você realmente dá algo de valor".

Inspiradora, não é mesmo?

Experimente participar de algum trabalho religioso, social ou filantrópico. Visite, ouça, ajude. Contribua.

Se pudéssemos resumir todas as técnicas que aqui apresentamos em uma única frase, diríamos aquilo que se lê em Colossenses 3:23: "E tudo quanto fizerdes, fazei-o de coração".

Se você fizer isso, se colocar seu coração em cada projeto que eleger, os resultados virão no tempo oportuno e você será mais feliz, mesmo antes de chegar.

> Agora vá, viva melhor e venda mais! E divida seu triunfo e seus aprendizados com tantas outras pessoas quanto você puder alcançar.

Referências bibliográficas

BÁRÁNY, Julia (Org. e Trad.). *Grandes mestres – Sabedoria milenar hoje*. São Paulo: Mercuryo, 2002.

BARKER, Joel Arthur. *The business of paradigms*. USA: ChartHouse International Learning Corporation. Vídeo.

BARROS, Francisco Dirceu; DOUGLAS, William. *Carta aos concursandos*. Rio de Janeiro: Campus/Elsevier, 2006.

BETTGER, Frank. *Do fracasso ao sucesso em vendas*. Rio de Janeiro: Record, 2009.

BÍBLIA. Versão revista e atualizada da tradução de João Ferreira de Almeida. 2. ed. São Paulo: Sociedade Bíblica do Brasil, 1993.

BLANCHARD, Kenneth; Lorber, R. *O gerente minuto em ação*. Rio de Janeiro: Record, 1985.

BLOOM, Floyd E. The role of cyclic nucleotides in central synaptic function. *Rev Physiol Biochem Pharmacol*. 1975;74:1-103.

________. Transmissão neuro-humoral e o sistema nervoso central. In: GILMAN A.G; GOODMAN. *As bases farmacológicas da terapêutica*. 8 ed. Rio de Janeiro: Guanabara-Koogan; 1991. p. 161-177.

BRECHT, Bertolt. *Poemas*. 2. ed. São Paulo: Brasiliense, 1986.

BRINER, Bob. *Os métodos de administração de Jesus*. São Paulo: Mundo Cristão, 1997.

CORREIA, José Manuel Duarte. Conferência proferida no Rio de Janeiro, 1997.

CUNHA, Abdon de Morais. *Técnicas de falar em público*. Goiânia: AB, 1994.

DEMING, William Edwards. *Qualidade*: a revolução da administração. Rio de Janeiro: Marques-Saraiva, 1990.

DOUGLAS, William. *A última carta do tenente*. São Paulo: Planeta, 2016.

________. *Criando campeões*. Rio de Janeiro: Ediouro, 2008.

________. *A arte da guerra para provas e concursos*. 5. ed. Rio de Janeiro: Campus/Elsevier, 2011.

________. *A maratona da vida* – Um manual de superação. 4. ed. Rio de Janeiro: Impetus, 2011.

________; ZARA, Carmem. *Como usar o cérebro para passar em provas e concursos*. 7. ed. Niterói: Impetus, 2015.

DRYDEN, Gordon; VOS, Jeannette. *Revolucionando o aprendizado*. São Paulo: Makron Books, 1996.

EDLER, Richard. *Ah, se eu soubesse...* 3. ed. São Paulo: Negócio Editora, 1997.

ERVILHA, Antônio de Jesus Limão. *Habilidades de negociação*. São Paulo: Nobel, 2000.

FERREIRA, Aurélio Buarque de Holanda. *Dicionário Aurélio eletrônico*. Rio de Janeiro: Nova Fronteira, 1996.

FRANK, Milo O. *Como apresentar as suas ideias em 30 segundos, ou menos*. 10. ed. Rio de Janeiro: Record, 1996.

FREIRE, Paulo. *Ação cultural para a liberdade e outros escritos*. Rio de Janeiro: Paz e Terra, 1976.

GARDNER, Howard. *Frames of mind*. Nova York: Basic Books, 1983.

GOLEMAN, Daniel. *Inteligência emocional*. Rio de Janeiro: Objetiva, 1996.

GOODMAN, Louis S.; GILMAN, Alfred Goodman. *As bases farmacológicas da terapêutica*. 7. ed. Rio de Janeiro: Guanabara Koogan, 1987.

HOLANDA, Aurélio Buarque de. *Dicionário eletrônico*. Rio de Janeiro: Nova Fronteira, 1999.

HOUAISS, Antônio. *Dicionário eletrônico*. Rio de Janeiro: Objetiva, 2009.

IDEAS INTO ACTION. USA: Melrose Films. Vídeo.

JOHNSON, Rita B.; JOHNSON, Stuart R. *Assuring Learning With Self Instructional Packages; or Up the Up Staircase*. Chapel Hill, N.C.; 1971. ED056461.

LAHAYE, Tim. *Temperamentos transformados*. 18. ed. São Paulo: Mundo Cristão, 1997.

LEMOS, Ricardo. *O vendedor inteligente*. São Paulo: Editora Gente, 2014.

LIPPMANN JÚNIOR, Edgar Antonio. Direito do jurisdicionado à prestação jurisdicional rápida. *Revista da AJUFE*, dezembro de 1993.

MACHADO, Angelo B. M. *Neuroanatomia funcional*. 2. ed. Belo Horizonte: Atheneu, 1993.

MACHADO, Luiz. *Introdução à aprendizagem acelerativa*. Rio de Janeiro: Edição do Autor, 1991.

________. *O segredo da inteligência*. Rio de Janeiro: Edição do Autor, 1992.

________. *O cérebro do cérebro*: as bases da inteligência emocional e da aprendizagem acelerativa. Rio de Janeiro: Edição do Autor, 1997.

MAHAN, L. Katheel; ESCOTT-STUMP, Sylvia. *Krause* – Alimentos, Nutrição e Dietoterapia. 10. ed. São Paulo: Roca, 2002.

MÁRQUEZ, Gabriel García. *Gabriel García Márquez conta como contar um conto*. Niterói: Casa Jorge Editorial, 1995.

MENDES Filho, Gildásio Álvares; SANTOS, William Douglas Resinente dos. *Gestão de serviços públicos com qualidade e produtividade*. 2. ed. Rio de Janeiro: Editora Universitária 9/9 – Universo, 1997.

MORAES, Vinicius de. *Livro de sonetos*. 12. ed. Rio de Janeiro: José Olympio, 1981.

MORGAN, Clifford T.; DEESE, James. *Como estudar*. 3. ed. Rio de Janeiro: Freitas Bastos, 1969.

MCNALLY, David. *Even eagles need a push*. USA: CRM Films. Vídeo.

MCNALLY, David. *Even eagles need a push*: Learning to Soar in a Changing World. Dell, 1994

NASSAR, Raduan. *Lavoura arcaica*. 3. ed. São Paulo: Companhia das Letras, 2001.

O'CONNOR, Joseph; SEYMOUR, John. *Introduzindo a programação neurolinguística*: como entender e influenciar pessoas. São Paulo: Summus, 1995.

PEIXOTO, Maurício. *Notas de aula* (Método e Pensamento Científico). Universidade Federal do Rio de Janeiro (UFRJ).

________; GUIMARÃES, Maria Teresa. *Aprenda a aprender*: emotivação – alta ajuda para vencer em concurso público. Rio de Janeiro: Elsevier, 2005.

PESSOA, Fernando. *Obra poética*. 7. ed. Rio de Janeiro: Nova Aguilar, 1977.

PIMENTEL, Ernani Filgueiras. *Intelecção e interpretação de textos*. 14. ed. Brasília: Vest-con, 1997.

QUEIROZ, Jerônimo Geraldo de. *Manual do orador*. Goiânia: AB, 1993.

SANTOS, Izequias Estevam dos. *Manual de métodos e técnicas de pesquisa científica*. 12. ed. Rio de Janeiro: Impetus, 2016.

SCHEELE, Paul R. *O sistema "Whole Mind" de fotoleitura*. São Paulo: Summus, 1995.

SILVA, Wilney Magno de Azevedo. *Ação civil pública e controle jurisdicional dos atos administrativos*. Rio de Janeiro: Aldebarã, 1996.

SINGLETARY, Mike. *A team of eagles*. USA: Dartnell Corporation. Vídeo.

SOARES, Ricardo; DOUGLAS, William. *Leitura dinâmica e memorização*. 16. ed. Niterói: Impetus, 2015.

SPRITZER, Nelson. *Pensamento & mudança*: desmistificando a programação neurolinguística (PNL). 6. ed. Porto Alegre: L&PM, 1993.

STERENBERG, Albert; COSTA, Eneide O. *Seminário de introdução à Programação Neurolinguística* – PNL. Notas de Aula, 1997.

STOTT, John R. W. *A mensagem do Sermão do Monte*. 2. ed. São Paulo: ABU Editora, 1993.

SUN TZU. *A arte da guerra*. Rio de Janeiro: Record, 1996.

TAFNER, Malcon Anderson; XEREZ, Marcos de; RODRIGUES FILHO, Ilson Wilmar. *Redes neurais artificiais*: introdução e princípios de neurocomputação. Blumenau: EKO/FURB, 1995.

WEIL, Pierre; TOMPAKOW, Roland. *O corpo fala*: a linguagem silenciosa da comunicação não verbal. 17. ed. Petrópolis: Vozes, 1986.

WEISS, Donald H. *Aumente o poder de sua memória*. São Paulo: Nobel, 1990.

________. *Como falar em público*: técnicas eficazes para discursos e apresentações. São Paulo: Nobel, 1991.

Este livro foi impresso pela gráfica Prol em papel norbrite 66,6 g.